L'ART D'ÊTRE GRAND-MÈRE

Claude Aubry Claire Laroche

HORAY

Chez le même éditeur

Claude Aubry, *Dites-moi tu*
Claire Laroche, *Un long séjour*
Renée Bonneau, *Grand-mères au fil des pages*

Dans la même collection

Claude Aubry, dessins Eugène Collilieux, *L'Art d'être Grand-Père*
Claude Aubry, Claire Laroche, *L'Art d'être Grand-Mère*
Sophie Horay, *L'Album de Bébé*, *L'Album des Anniversaires*
Claire Laroche, *L'Album du Mariage*
Evgueni Lounguine, *Voyage en Alphabet*
Sophie Lounguine, *L'Album des Fêtes de Noël et du Nouvel An autour du monde*

Couverture : Daniel Leprince
Illustrations : Archives des Auteurs et de l'Editeur
Mise en page : Emilie Greenberg

22 bis, Passage Dauphine - 75006 Paris
editions@horay-editeur.fr
www.horay-editeur.fr
ISBN 2-7058-0320-3

Par ordre d'arrivée au monde,
à Sarah, Kevin, Simon, Cyril, Anna, Benjamin
et à tous ceux qui voudraient encore montrer le bout de leur nez.

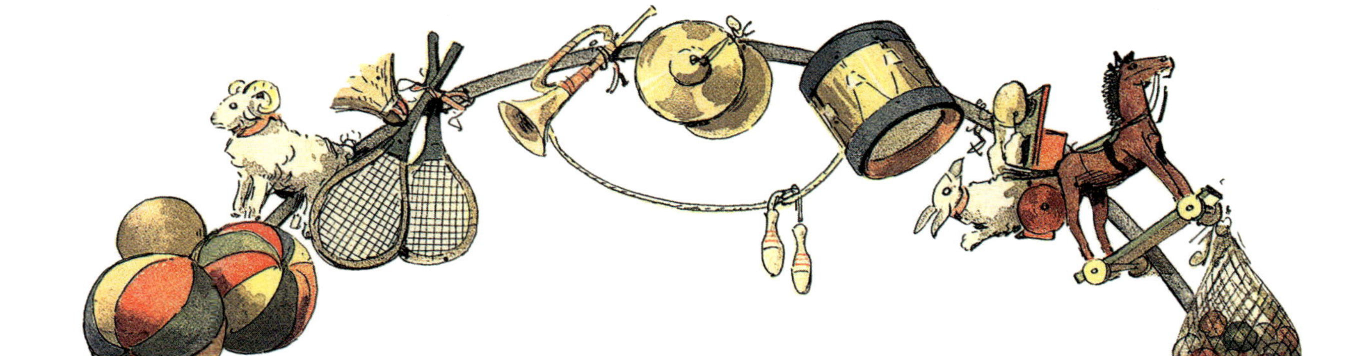

Grand-mère ! Drôle de bonheur attendu et qui vous tombe dessus comme une surprise, un vrai cadeau.
Les grands-mères ont probablement changé d'apparence. Mais les petits-enfants attendent de leurs aïeules remises à neuf les mêmes attentions, le même regard, la même oreille. L'important étant, comme chacun sait, de participer, de transmettre.
C'est le seul avantage de la maturité. La connivence reste le dénominateur commun de cette relation exceptionnelle.
Il faut, bien sûr, la nourrir. Jouer, provoquer les curiosités et les confidences. Etre disponible. Ce que vous pourrez construire avec eux, aucune recette au monde autre que l'amour ne vous la donnera.
Racontez, racontez l'enfance de leurs parents, la saga familiale. Faites surgir leurs racines, radotez même, faites fleurir leurs mémoires à coups de "racontouzes" multiples.
Sachez aussi qu'il vous faudra fermer les yeux sur l'heure du coucher, rester aveugles aux sottises, vous n'êtes pas là pour faire leur éducation. S'ils préfèrent regarder la télévision que d'aller au Louvre, ce n'est pas un drame national... Essayez plutôt de leur donner envie d'ouvrir l'œil sur le monde.
Nous, nous avons seulement essayé de trouver des jeux et des rites. Pour le reste, vous êtes des grands-mères, ça ne s'apprend pas.
Et les grands-pères dans tout ça ? Qu'est-ce qu'on en fait ?
Qu'ils se plongent à leur tour dans L'Art d'être Grand-Père et s'en donnent à cœur joie...

Pour "rentrer" dans ce livre ludique, il y a deux écoles, deux modes d'emploi que vous trouverez en fin de volume pages 144 à 151.

La première répertorie les divertissements par "genre", du carton à la saga familiale, histoire de programmer le temps et le bruit, les délices culinaires et le dedans et le dehors : Jeux d'esprit - Jeux d'adresse et chefs-d'œuvre - Jeux à plusieurs - Saga familiale et fêtes - Jeux de cuisine - Jeux de plage - Jeux champêtres.

La deuxième consiste à se servir de l'alphabet... pour choisir au béguin de A à V les différentes rubriques de l'Index.

Nous espérons que vous y trouverez... vos petits au sens propre comme au sens figuré.

JEUX D'ESPRIT

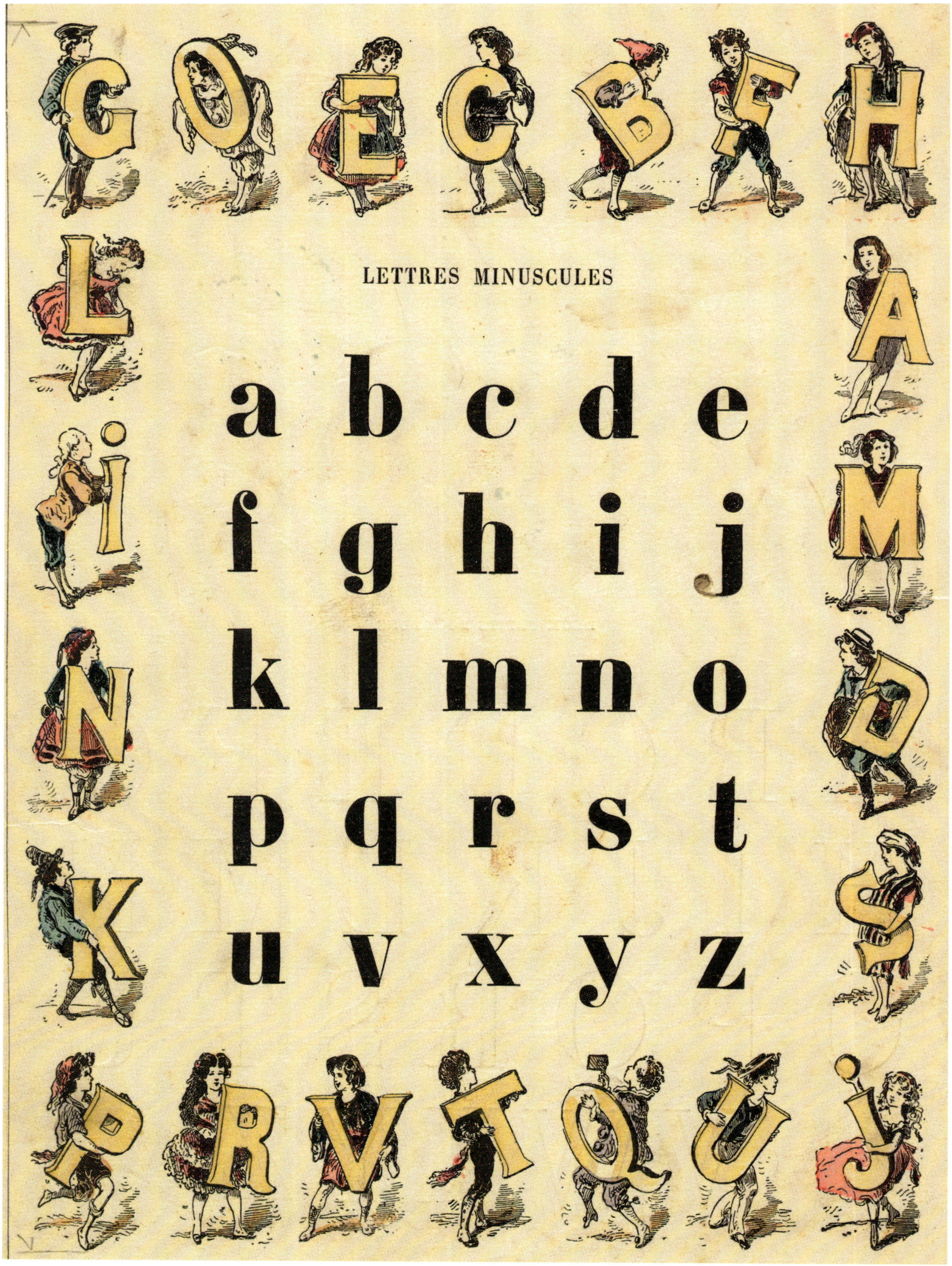
G O E C B F H
L
I
N
K
A
M
D
S
P R V T Q U J
LETTRES MINUSCULES
a b c d e
f g h i j
k l m n o
p q r s t
u v x y z

Acrostiches

L'idée est de faire fa.re aux jeunes apprentis poètes les acrostiches des amoureux. Il faut prendre un prénom et le décliner verticalement avec amour et astuce.

Généreuse **G**
Rassurante **R**
Adorable **A**
Nécessaire **N**
Délicieuse **D**

Magnifique **M**
Energique **E**
Rare **R**
Efficace **E**

C'est ce que vous êtes !

Alphabet à la manière de…

C'est un bon moyen de faire faire des pages d'écriture avec un alibi en or.
Choisissez dans un journal ou dans quelque livre ancien un modèle de lettre un peu particulier.
Le calligraphe d'occasion pourra s'inspirer et refaire des lettres sur le modèle proposé.
Si l'alphabet vous paraît fastidieux (ou plutôt à lui), faites écrire des slogans anodins, genre : " Sarah aime sa grand-mère ! "

Ambassadeurs

Il est parfaitement inutile d'être un haut dignitaire pour jouer à ce petit jeu.
Deux équipes formées au béguin doivent s'affronter cordialement.
L'une devant deviner une phrase que l'autre équipe mimera.
Soit syllabe par syllabe, soit en totalité.
L'idéal est de choisir un thème pour faciliter le jeu, soit de titres de films (si les petits sont assez grands), soit de métiers, animaux, plantes, etc.
Si la " devinette " est proposée syllabe par syllabe, on devra en indiquer le nombre avec les doigts car le jeu doit être complètement muet, sauf la réponse, bien sûr.

Baccalauréat

C'est un grand classique mais son nom même a des " connotations instructives " qui le font rejeter par les chers petits les jours de congé. Pourtant, une fois " entamé ", ils adorent ça. Chaque enfant doit posséder une feuille de papier et un crayon. On choisit une lettre de l'alphabet en tirant au sort et chaque enfant doit trouver le maximum de mots de différentes catégories dans un temps fixé auparavant, dix minutes au plus. Selon leur âge vous choisirez des catégories plus ou moins faciles.
Pour les plus petits : fleurs, jouets, fruits, habits, tout ce qui leur est quotidien.
Pour les plus grands : écrivains, villes, musiciens, peintres, tout ce qui est culturel, quoi...

Cadavres exquis

Entièrement inspiré des Surréalistes dont l'imagination était au pouvoir...
Avec un morceau de papier et un crayon, vous allez fabriquer le plus extraordinaire des personnages.

Le système est le même que celui des petits papiers mais il ne peut se jouer que par équipe de quatre enfants. On prend donc une feuille de papier, le premier enfant dessine la tête et plie son papier pour le cacher, le second dessine le tronc et replie, le troisième le ventre, et le dernier les jambes.
Lorsqu'on déplie, on découvre un personnage mi-chèvre mi-chou, généralement très rigolo. Si on joue par équipes, le meilleur dessin peut gagner et on peut en tout cas tous les exposer !

Charades

Délicieux terrain d'approximation, ce jeu reste un classique familial. L'un découpe un mot par syllabe et par image à la fois. L'autre doit deviner le mot.

Le plus célèbre étant une charade alsacienne, indispensable à faire deviner avec l'accent :

Mon premier a des dents
Mon second a des dents
Mon troisième a des dents
Et mon tout est un vilain défaut

CHAT - LOUP - SCIE
(jalousie..)

Ou encore :

Mon premier sert à travailler
Mon deuxième à nous amuser
Mon troisième sert à respirer
Mon tout est à bien digérer

DES - JEUX - NEZ
(déjeuner)

Il y a plus sobre !

Mon premier n'est pas tout petit
Mon second a des vagues
Mon tout a des cheveux blancs

GRAND - MER
(grand-mère)

Un dernier... pour rire, mais historique. Pratiqué à la Guadeloupe, il faut là aussi un accent :

Mon premier est un poisson
Mon second est un arbre fruitier
Mon tout est un roi de France

ANCHOIS - POMMIER
(François premier)

Comptines

Vous les connaissez ces délicieuses petites historiettes qui servent à déterminer qui s'y colle pour les jeux tournants...

Une souris verte
Qui courait dans l'herbe
Je l'attrape par la queue
Je la montre à ces messieurs
Ces messieurs me disent
Trempez-la dans l'huile
Trempez-la dans l'eau
Vous aurez un escargot tout chaud !

Nez cancan,
Bouche d'argent,
Menton de buis,
Joue grillée,
Joue maquillée,
Gros œillet,
P'tit œillet,
Toc, toc, toc maillet.

Il pleut, il mouille,
C'est la fête à la grenouille ;
Il pleut, il fait beau,
C'est la fête au corbeau.

Une oie,
deux oies,
trois oies,
quatre oies,
cinq oies,
six oies,
c'est toi.

Escargot de Bourgogne,
Montre-moi tes cornes.
Si tu ne le fais pas,
J'écraserai ton toit.

Am, stram, gram
Pic et pic et colégram
Bourre et bourre et ratatam
Am, stram, gram
Pic, dam !

Une poule sur un mur,
Qui picote du pain dur,
Picoti, picota,
Lève la queue et saute en bas.

Dates historiques

Qu'il se fasse donc son histoire à lui, le bel enfant blond. Qu'il se fabrique un petit carnet de 12 pages. Chaque mois de l'année est découpé en 30 (ou 31 of course) séparations. Il y inscrira les grandes choses de la vie, la naissance de sa nouvelle petite sœur, aïe, l'anniversaire de son aïeule préférée, ya bon, et de l'autre, tant pis. Mais qu'il le fasse lui-même, d'agenda tout fait nenni.

Dessins commentés

Les tout-petits, lorsqu'ils gribouillent, savent très bien ce qu'ils veulent dessiner. Mais vous, vous êtes parfois dubitative sur le sens de leurs réalisations. Si vous les interrogez, ils s'expliqueront très bien.
Il vous suffira alors d'écrire le commentaire et la date. Souvent poétiques, ces légendes sont parfois dignes de Chaval quant à l'insolite…

Dessins d'enfants

Pour les grandes assemblées d'enfants, inventez de leur faire faire une exposition de peinture. Un sorte de Salon des Indépendants. Avec thème, ce qui décoince les timides.
Procurez-vous du papier à dessin assez grand (30 x 40), de la peinture à doigts (si vous êtes téméraire), ou des aquarelles en pastilles (une boîte pour deux semble être suffisante).

Les quatre saisons, le portrait de maman, la maison de vos rêves, votre fleur préférée, le château de *La Belle au Bois dormant*, votre animal préféré, etc. Chacun fabrique son chef d'œuvre, on affiche ensuite en attendant l'arrivée des parents qui visiteront avec intérêt et admiration…

Dictée à épisodes

Si on vous confie les petits génies à l'occasion des vacances et que vous vous sentez obligée de les faire travailler, choisissez une histoire bien croustillante et assez longue.

Faites avec ce texte des dictées à épisodes, cela agrémentera la corvée grâce au suspense de l'aventure et on risquera même de vous réclamer la suite !

Dictionnaire

Très connu, il amuse les grands autant que les p'tiots et révèle de façon spectaculaire les tendances profondes des joueurs. Il s'agit de trouver dans le dictionnaire un mot que personne ne connaît (il ne faut guère être plus de 6). L'homme du dico donne le mot et l'inscrit sur un morceau de papier, les autres joueurs donnent une définition qu'ils écriront également sur un bout de papier.

Les papiers seront tous les mêmes puisque ensuite l'homme du dico lira toutes les définitions.

Chacun devra reconnaître la définition du dictionnaire et celle de chaque joueur.

On marque 1 point par bonne réponse, 5 points si on a trouvé la définition du dictionnaire et 5 points si la réponse a été prise pour celle du dico.

On change à chaque fois l'homme du dico et le tour est fait, complètement. On compte…

Très vite on reconnaît le style de chacun. Généralement, le jeu dégénère en plaisanterie folle, les définitions deviennent de plus en plus saugrenues et personne ne songe à gagner des points mais plutôt à rire…

Doigts

Délicieuse habitude pour apprendre
aux tout-petits le nom des doigts de la main…

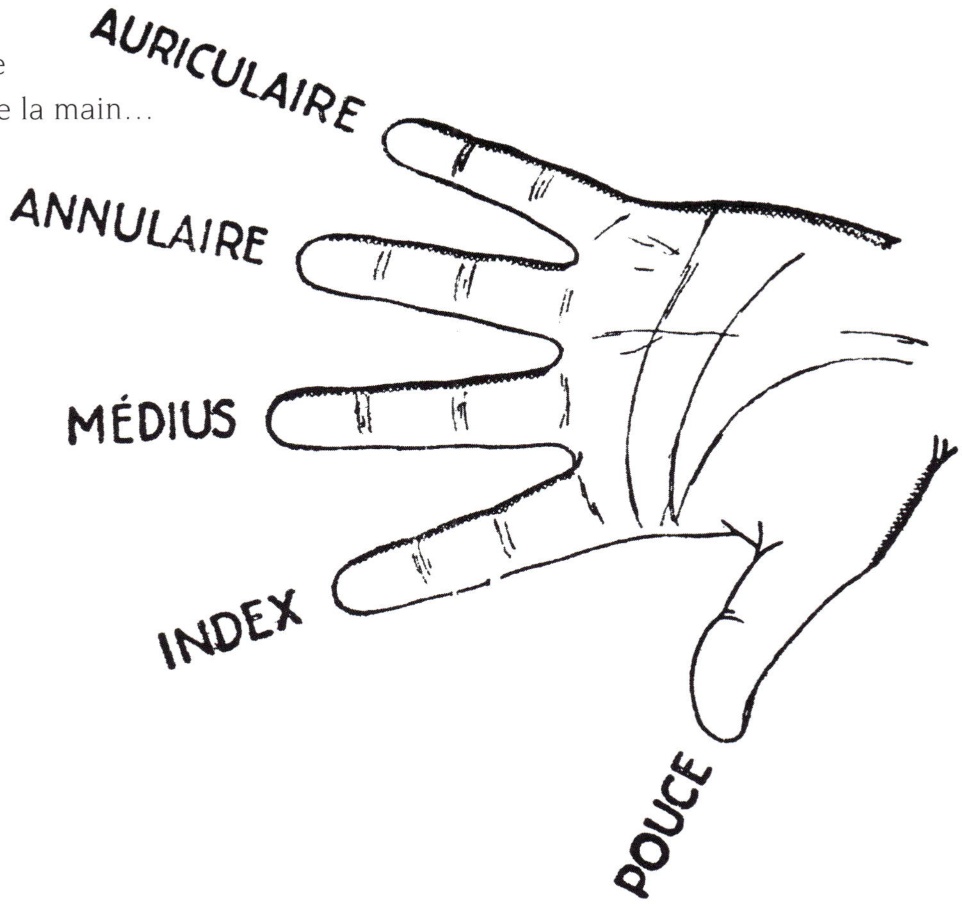

La petite fontaine
où les oiseaux vont boire
(la paume)

Celui-ci l'a pris
(le pouce)

Celui-ci l'a plumé
(l'index)

Celui-ci l'a fait rôtir
(le médius)

Celui-ci l'a mangé
(l'annulaire)

Et le petit riquiqui, lui,
n'a rien eu du tout
(l'auriculaire)

Enveloppes magnifiques

Qu'importe la lettre, pourvu qu'on ait l'enveloppe.
Exactement le contraire de *Qu'importe le flacon*…
Une enveloppe magnifique peut ne contenir qu'un bref message : car ce qui compte, c'est elle. Pour épater La Poste et, bien sûr, son destinataire. L'expéditeur doit respecter une règle simple : laisser suffisamment de place pour l'adresse et le timbre. Il est libre d'inventer à sa guise la décoration de l'enveloppe : des dessins, des initiales ou des dates au tampon encreur, des timbres déjà oblitérés collés en tous sens, des images découpées dans des magazines, des décalcomanies, etc.
Amusante à préparer, l'adresse rédigée en lettres découpées dans un journal peut suffire à fabriquer une enveloppe magnifique… sans pour autant se prendre pour un malfaisant “ corbeau ” !

Lettre à un homme célèbre

Cela a commencé par une phrase célèbre dans votre famille. *Dis Mamie, toi est-ce que tu as connu Napoléon ?*
Et la grand-mère, impavide, de répondre :
- *Lequel ?*
- *Parce que je voudrais bien savoir savoir si...*
- *Eh bien, tu n'as qu'à lui écrire.*

Donc, après la sempiternelle lettre au Père Noël, innovez, faites-leur faire une correspondance (elle est généralement laudative, donc ne mérite pas de réponse aux questions oiseuses sinon il faudra vous documenter pour apaiser leur curiosité). Avec Jeanne d'Arc (ça marche très bien), Charlemagne, Jules César, Bruce Lee, Zorro, et puis donnez-vous un peu de mal, Napoléon, le 1er, a aussi de bonnes chances.

Lettres bizarres

Bizarre, bizarre, vous avez dit bizarre, prenez votre stylo !
Pour encourager les enfants à écrire, le jeu, là encore, prouve ses vertus. Apprenez-leur les " lettres bizarres ".
Sur des cocottes ou des bateaux en papier, ils inscriront quelques mots, en laissant de la place pour le timbre et l'adresse.
Sur un avion en papier au profil aérodynamique, ils écriront sur une aile, indiqueront l'adresse sur l'autre, et colleront le timbre là où il restera un espace disponible. Rien n'interdit de mentionner " Par Avion ", pour que la lettre arrive plus vite...
En les timbrant suffisamment, de nombreux objets peuvent devenir des " lettres bizarres " : des semelles de chaussures, des boîtes à fromage (vides !) soigneusement fermées, des mini-bouteilles d'eau minérale dans lesquelles on a glissé un message avant de les étiqueter, des boîtes de bonbons... et même des galets très plats - ceux-ci requièrent une calligraphie très précise, effectuée minutieusement à la peinture à l'huile. Mais ils n'arrivent pas toujours à destination. Cela dépend de l'humeur et surtout de l'humour du facteur...

Lire l'heure

Bon d'accord, on n'arrête pas le progrès. L'affichage digital, c'est bien joli, et bien pratique...
Mais les montres, pendules et autres horloges plus classiques existent encore, heureusement. Si vous voulez apprendre à vos petits-enfants comment les déchiffrer, utilisez une pendule que vous fabriquerez avec eux. Au compas, dessinez un cercle de 30 cm sur du papier à dessin, découpez-le. Découpez ensuite une grosse et une petite aiguille, que vous fixerez au centre de la pendule, avec une attache parisienne. Dessinez les chiffres, coloriez la pendule... et, de midi à minuit, racontez l'heure du petit déjeuner, de la toilette, de l'école et des repas et même, si vous êtes de bonne humeur, faites semblant de sonner les heures !

Livres blancs

Qui sait, il sera peut-être un jour publié, après tous ses romans, ce journal d'enfance que vous aurez sollicité.
La plupart des enfants commencent un jour ou l'autre un journal intime qui sera souvent abandonné après quelques pages. Vous leur donnerez peut-être le goût de s'attacher véritablement à cette entreprise, en leur offrant un livre blanc.
L'objet en soi est étonnant, amusant, et bien séduisant pour cultiver en beauté son jardin secret. Et si le livre ferme à clé, les secrets resteront de vrais secrets...

Livres faits maison

Faites des livres avec des papiers " machine " pliés en deux et faites des couvertures en chemises cartonnées de couleur, cousez le tout comme des petits carnets. Il y a déjà un moment créateur de fabrication. ensuite, les petits écriront leur histoire et l'illustreront avec des dessins originaux, des collages de photos ou des dessins empruntés aux magazines.
Belle œuvre d'imagination et de graphisme.

Messages codés

Pour communiquer entre " espions " du même bord, les messages codés sont indispensables. Ceux-ci encourageront les enfants à la lecture, tous en les amusant beaucoup. Sur une grande feuille de papier ou un tableau noir, tracez toutes les lettres de l'alphabet.
A chaque lettre, faites correspondre un chiffre : le plus simple est de remplacer le A par le 1, le B par le 2 etc. Mais on peut, à l'inverse, aller de 26 à 1, ou encore imaginer une infinité de combinaisons. A l'aide de ce code, écrivez (en secret) un message destiné à chacun des enfants. **Message-tendresse :** " je te fais 1000 câlins " ; **message-promesse** : " Samedi nous irons au cinéma " ; ou **message-gourmandise** : "Ce soir je ferai des crêpes... "
A eux maintenant de déchiffrer leur message, avant d'en écrire d'autres, pour vous. Parfois les amoureux continuent ce code plusieurs fois centenaire !

A	B	C	D	E	F	G	H	I	J	K	L	M	N	O	P	Q	R	S	T	U	V	W	X	Y	Z
1	2	3	4	5	6	7	8	9	10	11	12	13	14	15	16	17	18	19	20	21	22	23	24	25	26

J	E	T	E	F	A	I	S	1000	C	Â	L	I	N	S
10	5	20	5	6	1	9	19	1000	3	1	12	9	14	19

Métiers au restaurant

Il ne faut pas être timide, et très psychologue... Le jeu est un pari sur les gens qui vous entourent dans le bistrot où vous avez emmené votre marmaille.
On fait des hypothèses écrites sur le métier du barbu de la table 3, de la sémillante brunette du fond de la salle, ou du monsieur strict et compassé, seul, qui tripote son nœud papillon. Ensuite, on se paie de culot... et on va interroger les impétrants sur leur véritable métier. Le pharmacien et le médecin avouent facilement. Le notaire est plus réservé...
Pour familles sans éducation, les meilleures...

Monsieur et Madame ont...

Attention, ce jeu est réservé aux humoristiques approximatifs et aux fascinés des jeux de mots.
Il s'agit de trouver des prénoms aux enfants de Monsieur et Madame.
Toutes les inventions sont permises et cela donne :
Monsieur et Madame Deuf ont un fils : John
Monsieur et Madame Tarandalouse ont un fils : Guy
Monsieur et Madame Mavalée ont deux jumelles : Colette et Berthe
Monsieur et Madame Saint-Malo-à-la-nage-c'est-pas-d'la-tarte ont un fils : Ferdinand
Plus osé : **Monsieur et Madame Pas-dans-le-lavabo ont une fille : Honorine**
Anglo-saxon : **Monsieur et Madame The Blues ont une fille : Agathe**
C'était écrit plus haut. Nous ne sommes pas dans la dentelle, à vous de trouver plus subtil...

Mots des grands

Prenez des mots un peu compliqués, expliquez-les simplement... Inscrivez-les sur des petits morceaux de papier, mettez-les dans un chapeau. Les enfants tirent un bout de papier et donnent une explication imagée.
Par exemple pour calomnie : " Y a Paul, y dit du mal de moi, et c'est même pas vrai ! "

Ni oui ni non

Joli exercice de concentration et fou rire probable... Il s'agit tout simplement de parler de la pluie et du beau temps sans dire jamais ni oui ni non.
Le jeu étant de poser le plus de questions possible, le plus vite possible. Le béni-oui-oui et non-non aura un gage pour chaque affirmation ou négation. Cela apprend aussi à trouver des inventions de langage.
N'est-ce pas, mais certainement !

Pendu

Rien à voir avec François Villon...
encore qu'il s'agisse de mots, mais à deviner.
Le principe est de mettre sur un papier la première et la dernière lettre du mot que vous voulez faire deviner à votre adversaire.
Entre les deux extrémités, chaque lettre sera représentée par un trait. Il s'agit donc de deviner les lettres qui manquent. On propose une lettre ; si elle existe dans le mot on l'écrit partout où elle se trouve. Sinon, on fait un trait qui commencera la potence, et ainsi de suite.
On a perdu lorsqu'on est pendu, on a gagné lorsqu'on a trouvé le mot avant...
La Palice n'est pas mort !
Il va sans dire, mais cela va encore mieux en l'écrivant, que plus le mot est long plus on a de chance de pendre son adversaire. Et on change !

Petits papiers

L'éternel jeu fait toujours autant sourire par l'insolite des mélanges d'histoires. Chaque enfant prend un bout de papier et le passe à son voisin lorsqu'il a fini d'écrire sa phrase, après avoir retourné le papier pour le garder secret.
La trame est : Monsieur Machin a rencontré Madame Truc (ce sont généralement les protagonistes ou quelque célébrité familiale plus en vue qui sont les héros de l'histoire).
Ou, qu'est-ce qu'elle lui a dit qu'est-ce qu'elle lui a répondu, etc. A vous de broder.
Les scénarios laissent parfois sans voix.

Photos avec légendes-bulles

Choisissez des photos particulièrement expressives. Collez-les légèrement sur des feuilles blanches afin qu'elles ne soient pas inutilisables après le jeu, et dessinez les bulles, comme dans les bandes dessinées.
Les enfants trouveront des légendes à mettre dans la bouche des héros des photos.
Chaque enfant réagit différemment.
Colère, étonnement, personne ne fonctionne de la même façon.

Photos tableaux

Faites dans le collage loufoque ou familial, ou les deux à la fois… Mettez la famille en scène, en détourant des photos de famille, en les collant sur une plage tahitienne ou en les détourant pour les placer derrière un baobab. Coupez, détourez, mélangez les générations. Le résultat peut être formidable. Echangez les visages des guerriers de la bataille de Waterloo avec les cousins de Bretagne et exposez ci-contre le résultat, vous ne serez pas déçues !

Lorsque Claire fut devenue vieille, elle se passa tout-a-fait de nez, ce qui lui faisait une drole de figure!

Portrait chinois ou portrait psychologique

Il développe l'acuité du jeune enfant et vous cloue parfois au mur tant les images sont rudes - parlantes. Le duo est idéal pour ce genre d'exercice… A tour de rôle on choisit un personnage ; l'autre doit poser des questions pour trouver de qui il s'agit. Ce sont des lieux, des choses ou des personnages célèbres qui doivent évoquer le héros. Si c'était une fleur, une maison, un meuble, un musicien, un véhicule. Ça peut aller du roman au vêtement, au monument. Mais à vous de trouver des symboles. Vous verrez comme c'est édifiant !

Portraits narcisses

L'idée est de faire " parler " de lui un enfant et de lui demander de faire son portrait, dessiné et écrit. Cela donne parfois des résultats tout à fait surprenants sur l'image qu'ils ont d'eux-mêmes. Ainsi, on lit : " Maman dit que j'ai de grands pieds et que je tiens debout par tous les vents ". Ce n'est pas sûr…

Proverbes contraires

Découvrez avce les chérubins des proverbes qui se contredisent. Par exemple :

Tel père, tel fils.
Les chiens ne font pas des chats. > *A père avare, fils prodigue.*

Pierre qui roule n'amasse pas mousse. > *Les voyages forment la jeunesse.*

L'habit ne fait pas le moine.
Il ne faut pas se fier aux apparences. > *Le premier coup d'œil est le bon.*

Deux avis valent mieux qu'un. > *Les conseilleurs ne sont pas les payeurs.*

La fortune vient en dormant. > *La fortune sourit aux audacieux.*

La nuit porte conseil. > *L'avenir est à ceux qui se lèvent tôt.*

Continuez, c'est inépuisable !

Réussite entre deux cartes

Elle est extrêmement simple, les petits peuvent la faire dès qu'ils savent reconnaître les couleurs et les valeurs des cartes.
Plus facile avec un jeu de 32 cartes, elle ne se gagne que très rarement.
Posez 3 cartes ; si celle du milieu se trouve entre 2 cartes pareilles, soit de la même hauteur - deux 8, deux valets - soit de la même " couleur " - deux cœurs ou deux trèfles - vous enlèverez la carte de gauche et ainsi de suite. Vous devez rester avec 3 cartes. Ce n'est pas évident!

Tableau et histoire

Prenez l'habitude d'acheter des cartes postales lorsque vous allez dans les musées ou dans les expositions de peinture. Au dos, faites raconter aux enfants l'histoire qu'ils inventeraient à partir de l'œuvre.
La bataille d'Uccello a été un bal déguisé et *La Joconde* a attendu *Barbe-Bleue*.
On a parfois des surprises artistiques croustillantes.

Télévision

Impossible de les déloger de la télé. Ils sont là, collés à leur siège, vissés, inamovibles. Alors, osez le geste fatal. Appuyez sur le bouton d'arrêt et dites à tous les petits zappeurs sans reproche qu'ils inventent eux-mêmes la fin. Faites un concours de la plus belle chute ou de la plus proche de la vraie.
Vous aurez évidemment enregistré la fin sur votre magnétoscope, le sadisme ne saurait être complet.
Et le gagnant aura le droit de rallumer la télé !

Théâtre

Mettez la vie en scène !
Les enfants sont comédiens jusqu'au bout des orteils et l'utilisation de ce talent s'impose.
Deux écoles : la vie quotidienne et la fiction.
Il ne s'agit pas de tricoter du psychodrame mais vous n'imaginez pas à quel point les scènes de tous les jours, mimées, sont une source d'information…
Par exemple, le départ à l'école. Un des enfants… qui faisait son propre rôle, répétait sans arrêt à son père de théâtre :
" Papa, quelle heure est-il, on va être en retard… "
Les thèmes sont variables à l'infini. Départ en vacances, repas de famille, les dialogues improvisés sont irrésistibles et si vous confrontez la réalité avec effroi, foncez sur *La Belle au Bois dormant*, ça rend les maisons silencieuses un moment ; *Cendrillon* n'est pas mal non plus.
Et piochez dans les pièces roses d'Anouilh, les saynètes des pièces moyenâgeuses et dans votre imagination qui ne demande qu'à fleurir.

Timbres

Méfiance, les enfants deviennent parfois complètement timbrés et obsessionnels de ces petites vignettes dentelées.

Les collections de timbres se démarrent parfois sur un coup de tête, pour être souvent abandonnées un peu plus tard... Ils ne manqueront pas de vous demander des timbres, vous ferez de même auprès de vos amis voyageurs. Vous pouvez aussi rechercher en librairie des planches " à thème ", qui offrent parfois un choix intéressant. Ecumez les marchés, les foires à la brocante : vous y trouverez, avec un peu de chance, d'anciens albums parfois très beaux.

Dans les bureaux de poste, de nouveaux timbres sont mis en vente régulièrement, il ne faut pas les manquer. Avec votre petit-enfant collectionneur, pensez à envoyer aux membres de la famille et aux amis des timbres qui les intéresseront : des bateaux pour les hardis navigateurs, des Napoléon pour les bonapartistes dans l'âme, des animaux pour les amis des bêtes, etc. Cela leur donnera peut-être le désir, sait-on jamais, de commencer eux aussi une collection.

Jeux d'adresse & chefs-d'œuvre

Apprenti

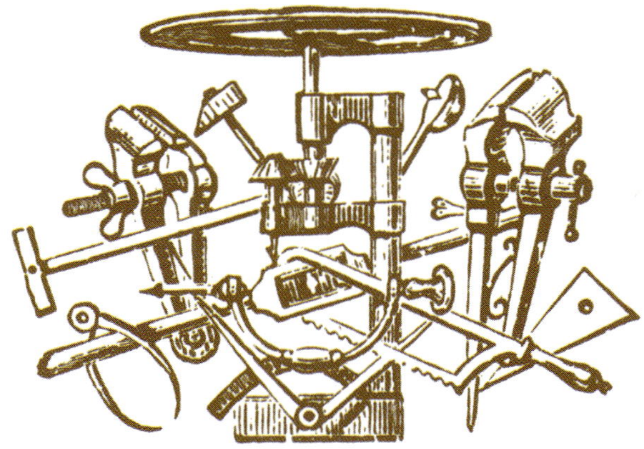

Selon l'adage progressif et inusable (vous le retrouverez d'ailleurs maintes fois dans ce livre), *l'important c'est de participer.* Il faut donc que les enfançons nourris de crème et de brioche sachent planter un clou. Qu'ils suivent à la trace leur grand-père (ou vous-même si vous êtes bricoleuse) et refassent les mêmes gestes que l'aïeul(e). On trouve en miniature tous les outils des grandes personnes. Sinon utilisez les petits marteaux de tapissier, les clefs anglaises de petits numéros. En vérité, les vrais outils des métiers miniaturisés sont plus satisfaisants pour eux. L'authenticité se voit, ma bonne dame et les petits sont perspicaces.

Ils peuvent, en faisant certes très attention, apprendre à poser un crochet X, planter un clou (voir plus haut), raboter une planche, peindre un modèle réduit ou toute autre planche, visser des crochets sur des cadres - et même en fabriquer en collant des planchettes et en les peignant ensuite.

Mon Dieu quel bonheur
Mon Dieu quel bonheur
D'avoir un marmot qui bricole
Mon Dieu quel bonheur
Mon Dieu quel bonheur
D'avoir un marmot bricoleur
Boîte à outils

Arc-en-ciel dans la maison

On avait beau dire en découvrant les arcs-en-ciel : le diable bat sa femme... Rien que leur nom est une merveille, en contempler un est toujours un bonheur. Si vous êtes photographe, essayez d'avoir votre appareil avec vous au cours de vos promenades, au cas où l'un d'eux viendrait se déployer au-dessus de votre tête.

Et pour en avoir un chez vous, investissez dans les objets de cristal (porte-couteaux, prismes, boules ou pyramides taillées). Vous montrerez à vos petits-enfants comment ces objets magiques, placés au soleil, fabriquent les couleurs de l'arc-en-ciel. Qui sont, comme nul ne l'ignore : violet, indigo, bleu, vert, jaune, orangé et rouge.

Attaches parisiennes

L'attache parisienne est un petit clou de laiton monté sur deux tiges plates qui s'écartent ; elle sert à faire tenir des papiers qu'on perfore entre eux. Mais l'idée est que ces petits clous carrés sont tout à fait décoratifs et peuvent faire des tableaux sur du carton avec des motifs géométriques. Cela peut également servir sur du cuir souple ou du velours et faire des ceintures.
Les trombones qu'on trouve maintenant dorés ou de couleurs font des bracelets et des colliers archi-chics.

Boîte à boutons

Des générations ont découvert le fouillis dans la fameuse boîte à miracles. Alors pourquoi pas eux, il est toujours temps de ramasser...
Elle est indispensable pour conserver les boutons, évidemment, mais pour bien d'autres raisons encore. D'abord, elle doit être jolie, pour le plaisir : choisissez une belle boîte (à gâteaux ou à bonbons) de métal. Ensuite, elle doit être accessible : à partir de deux/trois ans, vous laisserez vos petits-enfants l'ouvrir pour farfouiller avec délices à l'intérieur.

Faites provision de boutons intéressants ou amusants par leurs formes, leurs matières, leurs motifs et leurs textures. Avec des boutons, on peut tout faire ou presque. Apprendre les couleurs, apprendre à compter, ou jouer à la marchande...
Vous pouvez aussi acheter de gros boutons de bois, tout simples, et les décorer à la peinture à l'huile : fleurs, pois, rayures, soleils ou chats, etc., en aidant vos peintres en herbe à réaliser leurs tout premiers " tableaux ronds ".

Boîte à couture

Fouillassou et Fouillasson ne s'y trompent pas.
Ranger une boîte à couture est une tâche ardue entre toutes, qui peut devenir un jeu lorsqu'on s'y met à plusieurs. A partir de six ans, les enfants qui le désirent pourront vous aider. La répartition des " rôles " sera laissée au goût de chacun : l'un ramassera les épingles et les aiguilles égarées, l'autre rembobinera les fils et les pelotons de laine, etc. Le plaisir consiste à ce que chaque chose soit à sa place.
Pour un temps indéterminé, et plutôt court, en général...

Bouteilles de parfum

Tant pis bouchez-vous le nez, ils ont fait pire... Il vient toujours un moment où les petites filles commencent une collection de bouteilles-échantillons de parfums et eaux de toilette. Comme les princesses des Mille et Une Nuits, qu'elles sont toutes, aux alentours de leurs six ans... et plus. Le drame, c'est qu'elles résistent rarement à ouvrir ces petites bouteilles et à s'inonder de senteurs diverses, " pour faire comme maman "... mais là n'est pas le problème ! (On peut aussi les vider, les rincer et les remplir d'eau de Cologne...) Dans la plupart des parfumeries, il suffit de demander gentiment ces échantillons pour qu'on vous les offre tout aussi gentiment. Dans d'autres, il vous faudra insister davantage. Ces bouteilles sont souvent ravissantes, et une collectionneuse avisée en accumulera vite des dizaines et des dizaines. Engagez-la à les garder pour plus tard, lorsqu'elles auront pris cette valeur qu'apporte le temps aux objets... inégalable !

Boutons à coudre

Du bouton comme un magnifique objet d'art... Il n'y a rien de plus simple que de coudre un bouton : pour en convaincre garçons et filles, enseignez-leur la technique (à partir de sept ans environ, ils en sont tous capables !...) en leur proposant de faire un tableau. Un vrai, qu'ils accrocheront dans leur chambre ou offriront à leurs parents. Sur des carrés ou des rectangles de toile blanche (draps ou torchons usagés par exemple), ils traceront au crayon noir un dessin, ou les lettres de leur prénom. Ensuite, aidez-les à coudre des boutons, différents en taille et en couleurs, soit le long des tracés, soit à l'intérieur lorsque le dessin exige d'être rempli. Après avoir ourlé la toile, fixez-la sur du contreplaqué d'un centimètre d'épaisseur avec de petits clous de tapissier, et exposez toujours !

Châteaux de cartes

Les architectes des châteaux de cartes sont connus pour être patients, habiles, opiniâtres et sages comme les images du Roi de Cœur. Quel que soit le sens des cartes, hauteur ou largeur, ces qualités restent indispensables.
Ne soufflez jamais sur eux ni la moindre fumée ni votre indignation, inspirez plutôt l'intérêt.

Clémentines lumineuses

Véritables petits soleils de votre fabrication. Ces " fruits-lampes ", posées sur une table de fête, sont ravissantes, sentent divinement bon. Choisissez des clémentines bien fermes. Avec un couteau aiguisé, coupez leur écorce au niveau de son tiers supérieur, puis videz-les à la cuillère en prenant soin de ne pas abîmer l'écorce.
Fixez une petite bougie d'anniversaire au fond de chaque fruit, en l'enfonçant dans l'écorce. Posez les clémentines sur de jolies coquetiers pour qu'elles ne roulent pas sur la table, et allumez les bougies.

Coccinelles

Piquez leur sens artistique avec des punaises. Achetez-en des rouges pour faire des coccinelles délicieuses où il suffit de peindre (avec un pinceau minuscule et de la peinture noire pour modèles réduits) un petit demi-cercle au bout de la punaise pour figurer la tête et sur le reste des pointillés réguliers.
Quant aux punaises jaunes, avec un sourire en arc de cercle au milieu qui remonte et deux yeux noirs fendus, elles feront des soleils souriants. Les jeunes entomologistes les piqueront sur leurs habits et protègeront la pointe avec un fil électrique dont on ne garde que l'isolant plastique.

Collections

Certes, il y a tout ce qu'on peut acheter, des pierres dures aux chouettes, des boules de cristal avec la neige aux animaux commercialisés dans des matériaux de toutes sortes, mais le plus drôle c'est de chercher dans les " trucs " à portée de main.
La mode est aux flammes (cachets postaux plublicitaires qui ornent les lettres), aux pastilles rondes de métal qui surplombent les bouchons de champagne (chaque marque et parfois chaque cuvée en possède un différent, souvent superbe), aux étiquettes de bouteilles de vin décollées avec précaution, aux boîtes de camembert, de sardines (il y a certaine boîte avec la Joconde, sublime...), aux dessous de bière en carton dans les bistrots, aux boîtes d'allumettes. Dès que vous dépassez les frontières, l'enfant se métamorphose en chasseur solitaire et ensuite il classe ces merveilles des après-midi entiers.

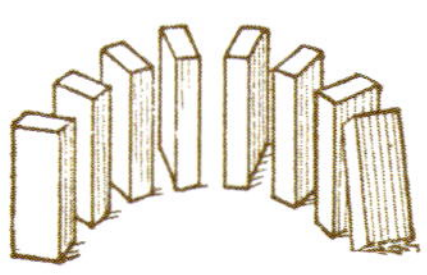

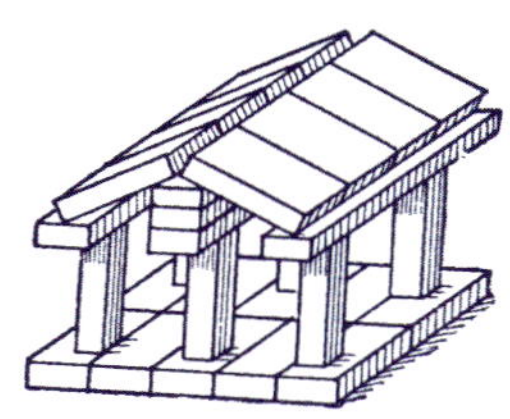

Constructions en morceaux de sucre

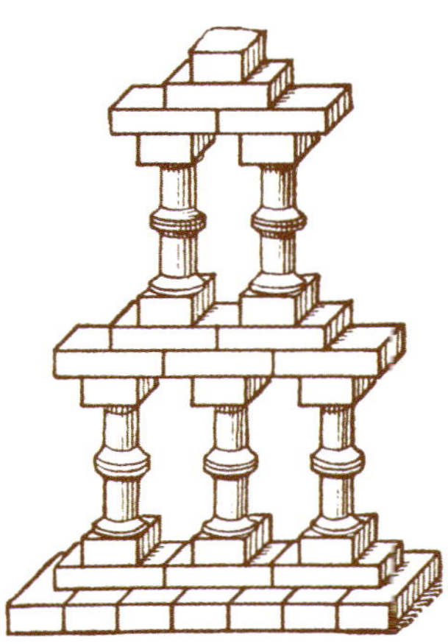

En panne de cubes ? Ouvrez une boîte de morceaux de sucre - ou plusieurs - et jetez-les en vrac sur la table de la cuisine. Ces petits " cubes " se transformeront en gratte-ciel dignes de l'Empire State Building, en Tour Eiffel approximative ou en jolies maisons basses. Et vous montrerez aux enfants comment la chute d'un morceau de sucre entraîne la chute de son voisin, qui à son tour, etc.
Il suffit de placer les " cubes " verticalement (sur leur plus petite face), à un demi-centimètre les uns des autres, sur la longueur désirée, puis de donner une légère impulsion au premier morceau pour que tout se défasse, inexorablement.

Couvre-théière

Formidable pour apprendre à faire les piqûres à la main. Encore un cadeau à rapporter à la maison. On trouve maintenant des tissus capitonnés en coton très sympathiques, il suffit d'en acheter 75 cm. Faites deux demi-cercles doubles en tenant compte du diamètre de la théière. Cousez l'un contre l'autre à l'envers avec une piqûre de fil solide. L'ourlet du bas fera tenir le couvre-théière. Surmontez d'un pompon (voir p. 48) et faites du thé, par exemple... pour rendre tout de suite l'objet utile.

Décalcomanies

La plus jolie des manies, elles ont un charme fou, ces images qui se collent à l'eau. Au début, vous devrez aider les enfants à les transférer proprement et sans bulles disgracieuses. Il faut en effet beaucoup de délicatesse pour ne pas les déchirer. Les motifs de fleurs, fruits ou plantes embelliront un meuble banal ayant besoin d'un petit " coup de neuf " : au besoin, repeignez-le entièrement après l'avoir poncé, puis disposez les décalcomanies de manière symétrique et régulière, sur une surface propre et sèche.

On trouve maintenant des rééditions de décalcomanies anciennes, grâce auxquelles l'objet le plus simple et le plus nu devient raffiné et ravissant : une petite boîte en bois blanc se tranformera en cadeau apprécié.

La porte d'un réfrigérateur est un endroit parfait pour une collection sur un thème préçis : automobiles ou fusées, petits soldats ou fleurs...

Laissez aller votre imagination, mais ensuite, utilisez un produit sans détergent et une éponge douce pour nettoyer la porte !

Pour ceux qui aiment farfouiller, rappelons que l'on peut encore dénicher, dans certains grands magasins et librairies, des décalcomanies des années cinquante ou soixante. Mais les amateurs sont nombreux, et les trouvailles rares. Ça n'en a que plus de prix...

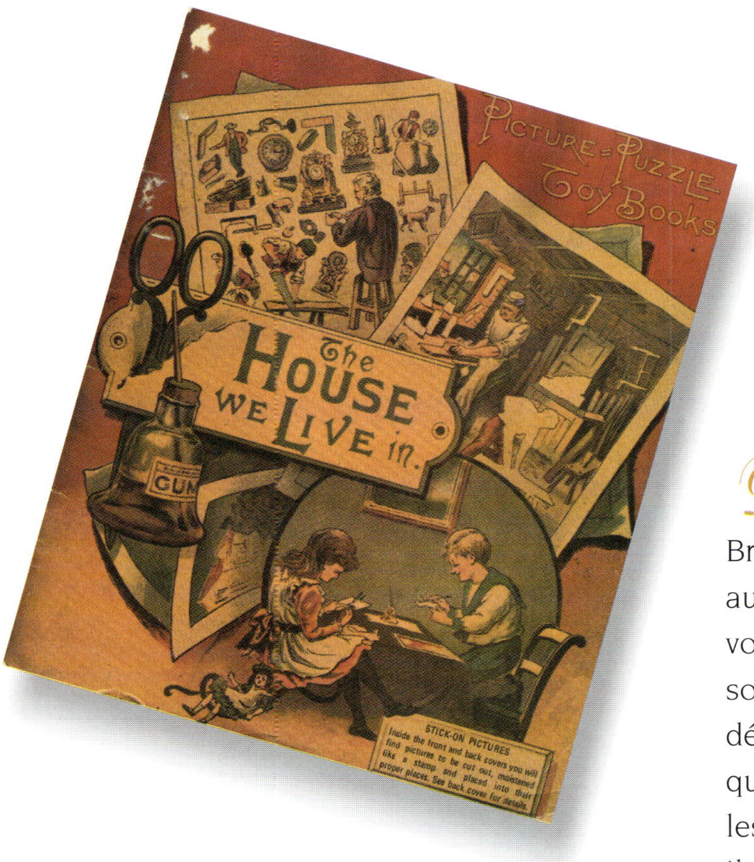

Découpages et collages

Braque, Picasso, Juan Gris ne faisaient pas autrement. Plutôt que de jeter vos magasines ou vos catalogues, gardez-les pour avoir toujours sous la main une inépuisable mine de découpages. Les enfants désœuvrés n'auront qu'a se munir de ciseaux, pour y découper toutes les images et photos qui leur plaisent. Ensuite, ils pourront les coller sur du carton, mettant en scène des personnages, des animaux ou des objets divers. Ils réinventeront avec talent l'art des collages, mêlés ou non de dessins... Que l'artiste s'en donne à cœur joie !

Étoiles, étoiles

Pour rêver la nuit, dans son lit, en regardant le plafond, rien ne vaut les cartes du ciel phosphorescentes. On en trouve dans les bons magasins de jouets et dans certaines librairies. Elles représentent les principales étoiles des hémisphères Nord et Sud, ainsi que les groupes stellaires, les nébuleuses, et bien sûr notre superbe Voie lactée. Un spectacle magique, apaisant. Et pour inventer sa propre voûte céleste, il existe des planches d'où détacher des myriades d'étoiles, des dizaines de Lunes et de planètes, à coller au plafond dans un désordre savoureux et fort poétique. L'idéal étant certainement de redessiner minutieusement les constellations en s'aidant d'une carte du ciel.

Fenêtres décorées

Ce n'est pas de la dentelle ! Et ça ne sera probablement pas un rêve de bon goût mais tant pis. Les napperons de dentelle (en papier !) permettent de décorer des vitres, ou des miroirs. Il suffit de fixer les napperons sur la surface choisie, puis de " peindre " au blanc de Meudon (en utilisant un pinceau à pochoirs), ou simplement avec une bombe de neige artificielle. Ayez la main légère, procédez par petits touches délicates. Ces décorations provisoires s'enlèvent facilement à l'eau et au savon.

Fresque sur le réfrigérateur

Téméraire est la fresque sur la porte du réfrigérateur faite avec de la peinture à doigts qui s'efface facilement sur les surfaces plates. Cela donne lieu à des délires d'imagination. Par exemple, un enfant avait fait un trompe-l'œil de l'intérieur tout à fait fantastique, un autre une forêt avec des singes.
Grand-mère maniaque, s'abstenir.

Gommettes

Ce sont de drôles de petites étiquettes colorées et de toutes les formes possibles, trouvables dans le commerce.
Ces gommettes permettent de réaliser de très jolis tableaux, figuratifs ou non. Les enfants auront certainement besoin de votre aide pour les trier avant de les coller, car ces minuscules morceaux de papier ont une fâcheuse tendance à s'envoler au moindre courant d'air. Les gommettes peuvent se mêler à des dessins, se transformant par exemple en fruits pour un arbre, en boules pour un sapin de Noël, en soleils, etc.

Guirlandes d'anneaux

Parce qu'elles sont synonymes de fête et moins pernicieuses que le champagne, les guirlandes font la gaieté.
Découpez dans de jolis papiers d'emballage ou dans du papier crépon plusieurs bandes de 20 x 2 cm. Formez des anneaux que vous relierez comme les maillons d'une chaîne, à l'aide d'un léger point de colle. Ces guirlandes seront encore plus raffinées si vous découpez le papier avec des ciseaux cranteurs.

Guirlandes de papier

Dans du papier d'emballage, uni ou à motifs ou dans du papier crépon, découpez plusieurs bandes de 30 cm de long sur 5 cm de large. Montrez aux enfants comment les plier en accordéon : chaque pliure doit avoir une profondeur de 2 cm. Puis, sur le dessus de cet accordéon, ils dessineront un petit personnage, un ours, un lapin, une étoile, etc.
Ensuite ils découperont toutes les épaisseurs de l'accordéon, mais sans entailler la pliure. La guirlande peut alors être déployée et accrochée au mur ou suspendue au plafond.

Laine en nattes

Afin d'éviter qu'ils tirent sur celles de leurs cousines, apprenez aux enfants à faire des nattes - ils en sont toujours très fiers. Achetez des pelotes de très grosse laine, dans des couleurs vives. Coupez trois brins de même longueur, nouez-les à une extrémité, et démontrez comme il est simple de tresser la laine.
Lorsque les enfants auront acquis cette technique, vous pourrez - toujours avec leur aide - fabriquer des petits tapis, ou des coussins en cousant plusieurs nattes entre elles. En harmonisant les teintes de la laine, on obtient de très jolis résultats

Maison de poupée

Mieux que le château le plus sophistiqué.
Avec une simple boîte à chaussures - ou tout autre carton d'emballage -, on peut réaliser facilement une charmante maison de poupée. Le fond de la boîte servira de plancher, le couvercle figurera le toit. Au cutter, découpez deux ouvertures rectangulaires dans le couvercle. Sur le fond de la boîte, collez de la moquette... en feutrine ou en buvard. Pour chaque fenêtre - sur trois côtés de la boîte - repliez le carton de part et d'autre pour les volets, et gardez aussi son battant à la porte. Le lit de la poupée sera fait avec l'intérieur d'une grosse boîte d'allumettes : une boule de coton pour l'oreiller, un petit morceau de tissu pour la couverture. La table sera un rectangle de carton fixé sur quatre allumettes, les tabourets seront fabriqués sur le même principe. Vous pouvez ajouter une nappe sur la table et des coussins aux tabourets, en y collant du tissu ou de la feutrine.
Découpez trois alvéoles dans une boîte d'œufs, tapissez-les de tissu : voilà trois confortables fauteuils. Les murs seront décorés avec de minuscules tableaux - de 2 cm x 3 - peints à la gouache. Utilisez des objets miniatures (couverts, bols, assiettes...) pour mettre la table, ainsi que pour l'éclairage de la maison.
Dans un joli tissu fleuri, découpez un tapis moelleux, et collez quelques morceaux de dentelle devant les fenêtres. Il ne reste qu'à peindre les tuiles du toit, les volets et la porte (fixez une attache parisienne sur la porte, pour la poignée).
Vous pouvez agrémenter les murs de la maison de plantes grimpantes, peintes elles aussi.
Les enfants joueront longtemps avec cette petite maison fignolée avec amour.

Marionnettes avec des jambes

Dans des catalogues ou des magazines, découpez avec les enfants des personnages célèbres et variés... auxquels vous couperez les jambes. Collez chacun d'eux sur du carton d'épaisseur moyenne. Découpez à nouveau les personnages ainsi consolidés. Au niveau de leurs genoux, tracez deux petits cercles du diamètre d'une pièce de 20 centimes. Evidez ces cercles au cutter. Les enfants n'auront plus qu'à glisser leurs doigts dans les trous pratiqués, pour animer ces marionnettes à la fois très réalistes et très drôles.

Il n'y a pas de mal à faire bouger ces idoles, c'est mieux que les déboulonner. Faire valser Mireille Mathieu et Napoléon ne manque pas de sel.

Menuisier en herbe

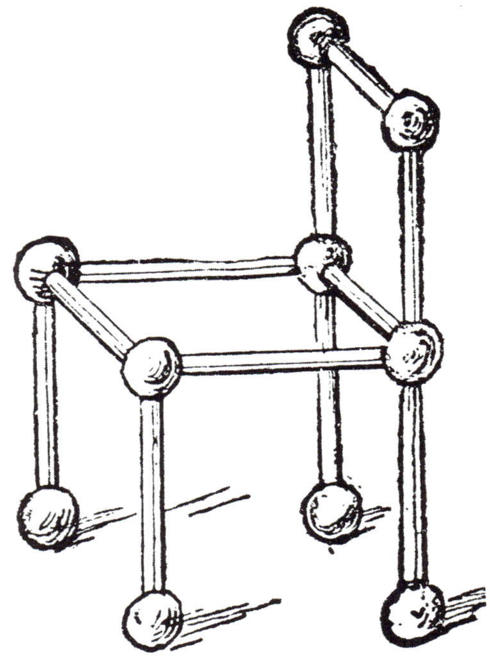

Non, il ne faut pas meubler sa maison de poupée avec n'importe quoi. Des bâtonnets de bois ou des cure-dents, des petits pois frais et bien fermes. Ce matériel suffit pour construire de jolies petites chaises, mais aussi des tables et des bancs. Tout un mobilier de jardin, qui ne durera que quelques heures...

Mobiles tout simples

Calder fait école...
Entrecroisez deux tuteurs de 30 cm, attachez-les par leur milieu avec une jolie ficelle à laquelle vous laisserez une longueur de 30 à 40 cm. Coupez quatre longueurs égales de coton à broder (environ 30 cm). Maintenant que le support du mobile est prêt, il s'agit de le garnir. Le choix est vaste, et les enfants vous donneront les idées qui vous manquent... éventuellement. On peut utiliser des pompons, des étoiles découpées dans du papier doré, des personnages peints à la gouache, des pliages de papiers (bateaux, etc.), des boules de Noël et mille choses encore.
Le seul impératif est que les objets accrochés aient tous le même poids (plume). Fixez-les par un nœud minuscule à une extrémité de chaque longueur de coton à broder, puis accrochez l'autre extrémité au bout des tuteurs, après avoir pratiqué une légère entaille dans le bois : les cotons ne bougeront plus.
Le mobile sera suspendu au plafond avec une punaise.
Et la fête des ombres commencera.

Monnaie de papier

La fortune vient en crayonnant. Adage approximatif...
En passant au crayon noir du papier posé sur une pièce de monnaie, on obtient une pièce presque aussi vraie que la vraie... Et avec une seule feuille de papier, on se fabrique un trésor en un clin d'œil. Un trésor qui sera ensuite découpé : pour rendre les pièces plus lourdes, on peut les coller sur du carton. Quant aux billets de banque, ils seront soit décalqués sur des originaux, soit complètement inventés. Cette dernière solution permettant d'inscrire des chiffres faramineux, ce qui plaît beaucoup aux enfants ! Vous profiterez de cette folie financière pour leur apprendre à rédiger des chèques : ils copieront les vôtres en indiquant leurs propres noms et adresses.
Là aussi, les zéros valseront allègrement.
Vous pouvez envoyer, faute de carte d'anniversaire, 1 500 000 baisers à l'ordre du fêté sur un chèque.

Monnaie du pape

Cette plante, pour devenir belle en bouquets secs, doit s'effeuiller, mais pas comme une marguerite. Vous ne vous ferez aider que par les plus soigneux de vos petits-enfants : on prend chaque " pièce " entre le pouce et l'index, pour détacher délicatement les deux fines pellicules qui la recouvrent. Alors, la pièce d'argent apparaît, fragile, tranparente et magnifique. Pièce après pièce, on prépare ainsi chaque branche de cette plante étonnante, dont le véritable nom est délicieux : la lunaire. Nacrée et blanche comme la lune, en effet...

Neige

Observés à la loupe, les flocons de neige sont de véritables merveilles ciselées. Mais il faut faire vite pour les contempler avant qu'ils ne fondent... Les enfants remarqueront d'eux-mêmes qu'aucun flocon ne ressemble à son voisin.
Aidez-les à constater que tous les flocons sont fabriqués à partir d'une étoile à six branches.
Ensuite, proposez-leur de dessiner quelques flocons, avec un crayon blanc sur du papier noir, pour faciliter les choses...

Œufs colorés

Avec des légumes ou des fruits, on peut obtenir de superbes couleurs qui rendront les œufs plus beaux encore. Ajoutez du vinaigre blanc à l'eau de cuisson pour que les couleurs prennent bien, et à vos casseroles !
Les myrtilles, en confiture, fraîches ou surgelées rendent les œufs violets. Ajoutez à l'eau deux pincées de poudre d'alun (vendue en pharmacie). Les pelures de radis donneront des teintes rosées, les épinards déclineront tous les tons de vert, suivant la quantité utilisée. La betterave (pelée et additionnée de deux pincées d'alun) et le chou rouge feront rougir les œufs, tandis que le café en poudre les rendra tout bruns.

Œufs grattés

Faites cuire des œufs durs, après avoir percé la poche d'air avec une grosse aiguille pour qu'ils ne se fendent pas. Laissez-les refroidir, puis peignez-les à la gouache épaisse. Lorsqu'ils seront bien secs, grattez des motifs géométriques avec un porte-plume " coiffé " d'une plume solide. Fignolez vos dessins avec une épingle.

Orange au clou de girofle

Un délice de parfum, on les appelle *pommander* en Angleterre.
Il faut prendre une orange moyenne et la piquer totalement de clous de girofle Traversée de bout en bout par une cordelière, elle s'accroche dans le linge et lui donne un parfum merveilleux.
Jeu de patience parfumé, les enfants adorent cet exercice.
Cadeau merveilleux pour toutes les mamas raffinées.

Papier mâché

Les chers petits peuvent fabriquer des objets en papier mâché qui se réalisent en collant de petits morceaux de papier journal sur des formes servant de supports : modelages en terre glaise (pour faire des masques), coquilles d'œufs, carton découpé en forme d'animaux ou de personnages, etc. Demandez aux enfants de découper des dizaines de carrés d'1,5 x 1,5 cm, dans du papier journal. Pendant ce temps, faites chauffer la colle, en mélangeant trois cuillères à soupe de farine à une tasse d'eau : portez ce mélange à ébullition, sur feu doux, jusqu'à ce que la farine devienne transparente. Pour recouvrir une coquille d'œuf (vidée de son contenu), appliquez au pinceau une couche de colle, puis collez plusieurs morceaux de papier, les uns à côté des autres. Répétez cette opération jusqu'à ce que les couches de papier aient une épaisseur d'environ 1 à 2 cm... ce qui ne dépend que de votre patience ! Lorsque l'œuf sera bien sec, les enfants pourront le peindre à la gouache, puis le vernir.
Pour fabriquer un masque, on modèle de la terre glaise en lui donnant les traits désirés. Après séchage, on doit recouvrir cette forme de papier journal, et ensuite seulement alterner une couche de colle, une couche de morceaux de papier, etc. On démoulera ainsi facilement le masque, lorsqu'il sera terminé. Avec un peu de pratique (mais gare aux doigts poisseux !), les enfants deviendront vite de véritables artistes du papier mâché, très drôle et tellement joli aussi.

Parachute de papier

Non, vous n'en ferez pas pour autant des militaires de carrière.
Savoir fabriquer leur parachute ne les fera pas s'engager pour autant.

Matériel : serviette en papier, ficelle fine, bouchon de liège et agrafes.

Coupez 4 morceaux de ficelle de 30 cm de long environ. Agrafez chacun de ces morceaux aux 4 angles de la serviette en papier, puis agrafez les quatre extrémités libres de la ficelle sur le bouchon, en les faisant se rejoindre. Ce parachute léger comme un courant d'air vole très bien, à condition d'être lancé d'une hauteur convenable...

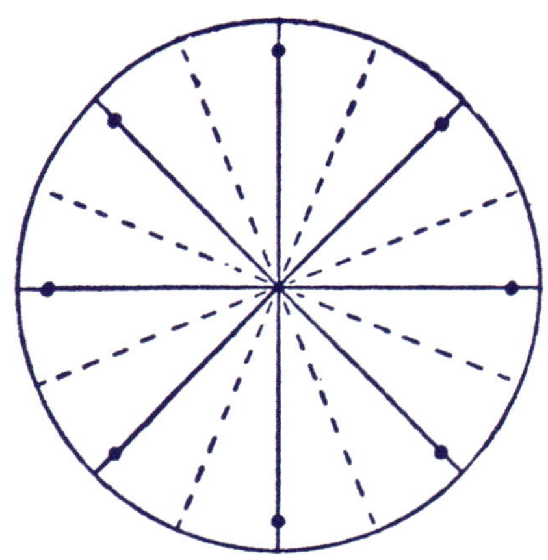

Patchworks

Les patchworks à l'américaine, sophistiqués, piqués, choisis couleur par couleur, matière par matière, laissez-leur faire lorsqu'ils seront grands et fiancés à la princesse au petit pois. En attendant, préparez-les en allant demander bien poliment des échantillons de drap de la saison dernière dans les boutiques spécialisées. Et même peut-être dans vos propres tiroirs, trouveront-ils des bouts de chiffons adéquats, avec des taies usées. Alors, commencez par les couvertures de poupée, terminez par les nappes. Cela apprend tranquillement les piqûres à la main, les surjets et même le point de tige si vous rebrodez par-dessus. Une mine pour les apprenties cousettes.
N'oubliez pas non plus les bandanas déjà ourlés (grand avantage) qui font des compositions gaies et colorées.

Pâte à modeler

Oh ! les beaux p'tits Rodin, les jolis p'tits Bocuse...
On sait que les tout-petits aiment surtout mélanger les couleurs de pâte à modeler, pour obtenir un superbe marron verdâtre... dont ils feront de longs, très longs serpents, ou de grosses boules à aplatir d'un coup de talon. Mais les enfants plus grands adoreront " jouer au magasin " avec vous : la devanture de la Boulangerie-Pâtisserie regorgera vite de minuscules éclairs et religieuses au café et au chocolat, de tartes aux fruits rouges, de croissants et de brioches... sans oublier les baguettes, ni les pains de campagne. Dans la Boucherie-Charcuterie, vous installerez des chapelets de saucisses, des rosbifs et des gigots, des jambons et des saucissons, des quiches et des pizzas. Disposez toutes ces victuailles dans des petites et des grandes boîtes d'allumettes, qui serviront de présentoirs.
Mais oui, il faudra nettoyer en pestant, et alors !

Pâte à sel

La femme de Loth aurait-elle été fabriquée comme ça ? Les sculptures en pâte à sel peuvent être tout à fait décoratives, grands et p'tiots s'amusent à les fabriquer.
A vos marques, prêt, salez !
Prenez une mesure de sel fin, mouillez-la, rajoutez deux mesures de farine et malaxez à la main en rajoutant de l'eau jusqu'à obtenir une pâte malléable sans qu'elle colle à vos doigts. Ensuite sculptez assez vite ce que vous voulez représenter. Posez la " bête " sur du papier sulfurisé, mettez à four 5, en surveillant souvent. Suivant l'épaisseur de l'objet, la cuisson est complètement différente. De 1/4 d'heure à 1 heure. Avant de peindre les objets, vérifiez que la sculpture est vraiment cuite.
Mais si vous avez un après-midi devant vous, mettez les enfants à la mine (de sel !) et faites-leur fabriquer des villages et des bateaux, des animaux et des clowns. C'est formidable.
Et faites comme nous, achetez toute affaire cessante, *Petits modèles en pâte à sel* de Catherine Baillaud, aux éditions Fleurus.

Perles brodées

Ce sont les petites filles qui sont reines dans cet art mais parfois les petits machos ont les doigts fuselés...
Les broderies de perles sont ravissantes, elles enchanteront les enfants patients et méticuleux. Achetez de petites perles de verre, dans des coloris variés. Sur une toile de coton très fine et de bonne qualité, l'enfant dessinera au crayon noir le motif de son choix.
Vous pouvez l'aider en recopiant sur la toile des motifs choisis dans les ouvrages consacrés au point de croix : leur tracé devra être simple (formes géométriques ou lettres, par exemple).
Chaque croix dessinée sera " recouverte " par une perle. Pour que le résultat soit joli, il est essentiel de coudre les perles très près les unes des autres, en utilisant des fils correspondant exactement à leur couleur.
Et ensuite on fait des porte-monnaie de fée pour ses mamies.

Perles de bois

Jouez avec ces belles perles multicolores, de formes variées, elles sont souvent vendues en vrac dans les magasins de jouets et dans certaines merceries. A partir de trois ans environ les enfants sont capables de réaliser eux-mêmes des bijoux d'une longueur... étonnante. Néanmoins, vous ne les laisserez jamais jouer seuls : une règle d'or, pour ce qui concerne tous les objets de petite taille, si tentants à mettre en bouche ! Pour un bébé, vous pouvez utiliser des perles de bois pour fabriquer un jeu à fixer au berceau, ou un " bracelet " qu'il manipulera avec ravissement. Pour les plus habiles d'entre vous, " l'étoile " sera un jeu d'enfant : disposez en étoile plusieurs morceaux - de même longueur - de laine ou de ficelle écrue, nouez-les ensemble en leur centre. Enfilez alors les perles sur chaque branche de l'étoile, puis faites un gros nœud très solide à chaque extrémité.

Perles de verre

Depuis que le monde est monde, les perles fascinent hommes et femmes... Que de plaisirs en vue, avec ces merveilles de verre : petites ou grosses, irisées ou transparentes, de couleurs tendres ou vives, elles prennent parfois l'apparence de fruits ou de fleurs.
Dans les grands magasins et les merceries, partez à leur recherche, vous ne vous lasserez pas de cette chasse-là.

Procurez-vous des fermoirs pour les colliers et les bracelets. Les enfants marieront couleurs et formes pour créer de ravissants bijoux, qui demandent un peu d'habileté, et de patience aussi. Vous ferez des broches très gaies en cousant une ou deux perles sur un blouson ou le col d'une veste. Par exemple, une pomme bien rouge et une poire rebondie, ou une fleur épanouie.

Perles en rideau

L'image même des maisons du Midi commence avec ces rideaux tintinnabulants.
Avec des perles de bois, du fil de nylon et un tasseau de bois, on peut les réaliser avec les plus petits. Le rideau pourra décorer une fenêtre triste donnant sur une cour sombre, ou remplacer une porte inexistante dans une cuisine, par exemple.
Coupez le tasseau aux mesures exactes de l'encadrement de la fenêtre ou de l'embrasure de la porte. Mesurez la hauteur nécessaire, pour couper les morceaux de fil à la longueur voulue.
Choisissez des perles fines et légères, de formes et de couleurs différentes, et prévoyez des perles plus grosses destinées à donner du poids au rideau. Sur le tasseau, marquez de manière très précise l'endroit où sera accrochée chaque longueur de fil.
Les enfants vous aideront à enfiler les perles sur le fil : le système le plus simple est de donner à chacun un ou de deux sacs de perles semblables. Mais si tout le monde souhaite un rideau très fantaisiste et coloré, n'hésitez pas à mélanger allègrement les sacs.
Fixez les rubans de perles sur le tasseau avec des clous très fins, et accrochez ce chef-d'œuvre bruissant, mais si gai !

Petits pois en bateaux

Maman les petits bateaux qui vont sur l'eau sont-ils comestibles... Oui, mais pour les réaliser, il faut des gousses de petits pois, des épingles et quelques petits morceaux de carton ou de bristol. Choisissez une grosse gousse de petits pois, et fendez-la sur toute sa longueur. Ôtez les pois, découpez dans le carton la forme d'un petit banc : un rectangle de 2 x 1 cm, que vous placez à l'intérieur de la gousse, au centre, pour qu elle reste ouverte.
Il ne reste plus qu'à fabriquer le rameur : disposez 2 petits pois l'un sur l'autre avec une épingle, asseyez ce rameur sur son banc en fixant l'épingle sur le carton. Recouvrez l'extérieur de la “ coque ” avec du papier collant : le bateau est prêt à voguer.
On peut évidemment fabriquer une flotte entière, et organiser de véritables régates en bassine, baignoire ou lavabo. Les petits Tabarly sont nés de moins que ça.

Pliages

Les grands-mères font encore des cocottes en papier pour leur plaisir... Alors la moindre des choses est qu'elles transmettent leur technique aux enfants. Apprenez-leur et ils fabriqueront en un tournemain des cocottes, des bateaux, des salières, etc. Très vite, ils seront capables de réaliser une basse-cour bien fournie, ou une véritable armada.

Vous pouvez organiser des concours d'habileté, comme par exemple essayer de faire le plus minuscule bateau, ou le plus microscopique avion. Mais le gigantisme les amusera également : procurez-vous des rouleaux de papier blanc ou de couleur de grandes dimensions (dans les magasins spécialisés). Découpez des rectangles et des carrés, et regardez naître ces salières immenses ou ces avions dignes du Concorde...

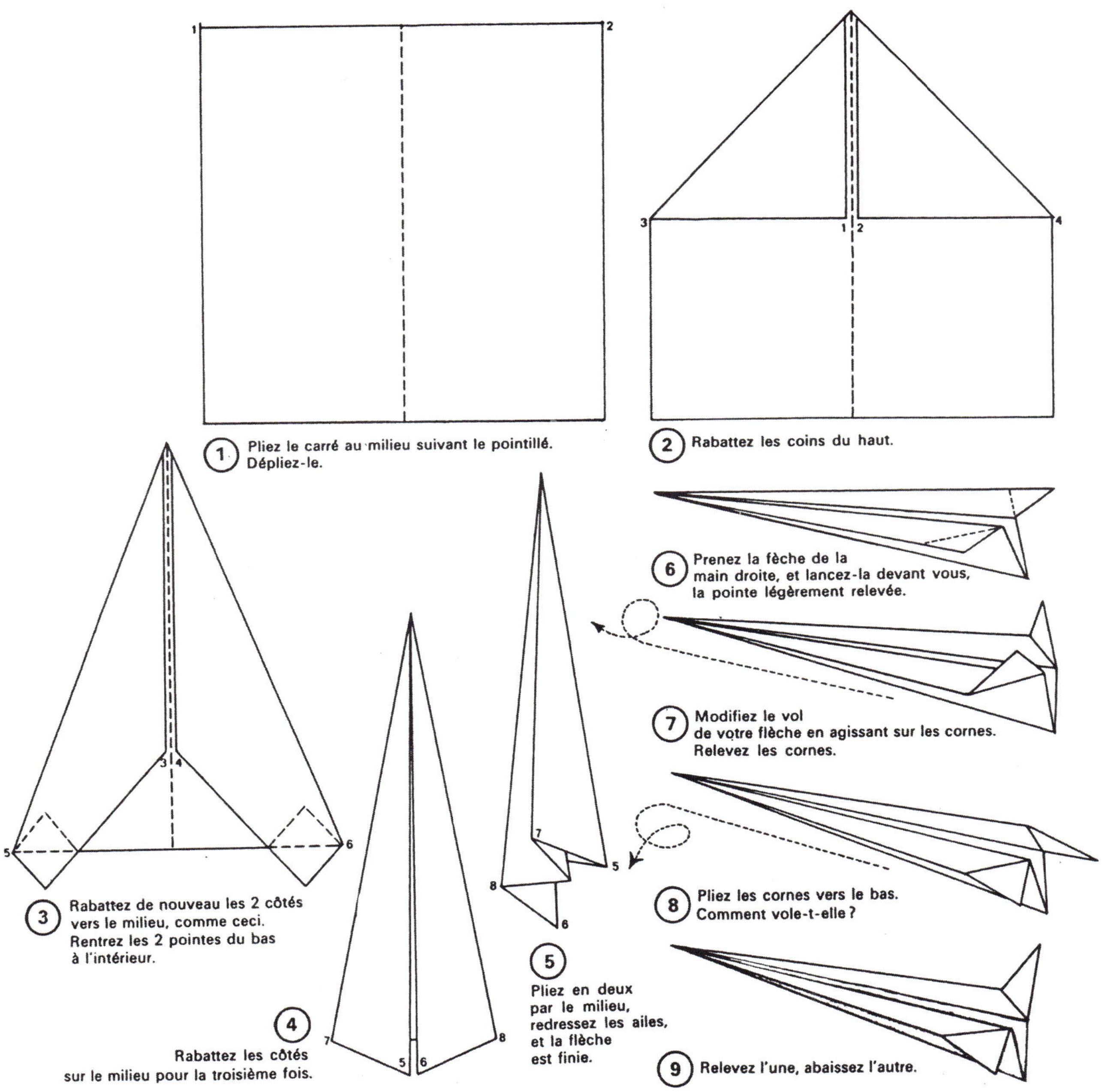

1 Pliez le carré au milieu suivant le pointillé. Dépliez-le.

2 Rabattez les coins du haut.

3 Rabattez de nouveau les 2 côtés vers le milieu, comme ceci. Rentrez les 2 pointes du bas à l'intérieur.

4 Rabattez les côtés sur le milieu pour la troisième fois.

5 Pliez en deux par le milieu, redressez les ailes, et la flèche est finie.

6 Prenez la fèche de la main droite, et lancez-la devant vous, la pointe légèrement relevée.

7 Modifiez le vol de votre flèche en agissant sur les cornes. Relevez les cornes.

8 Pliez les cornes vers le bas. Comment vole-t-elle ?

9 Relevez l'une, abaissez l'autre.

COCOTTE

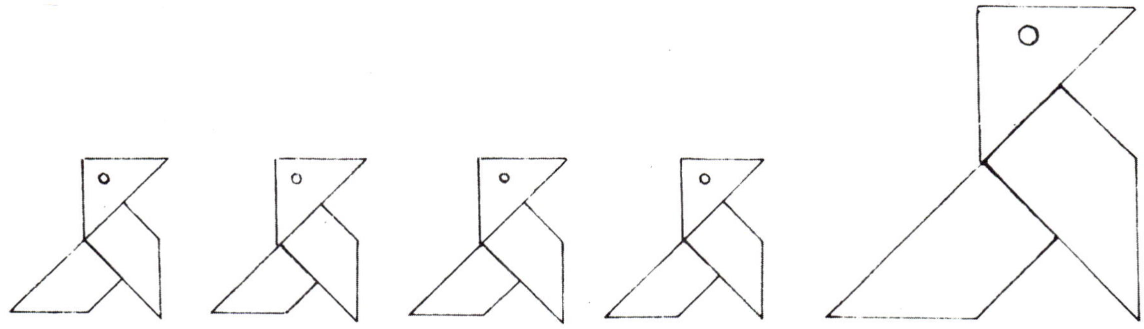

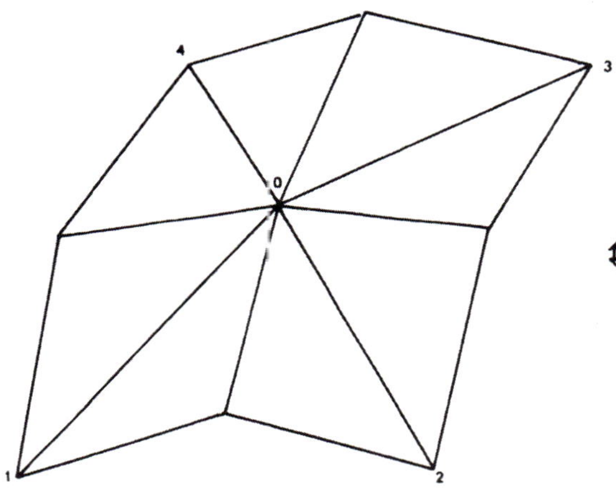

1 Pliez le carré suivant les diagonales et les lignes médianes, comme ceci :

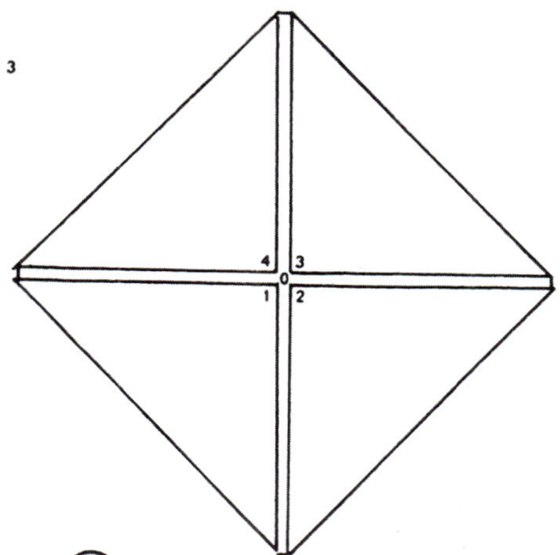

2 Repliez les 4 coins vers le centre O.

3 Retournez, et repliez de même les 4 coins vers le centre.

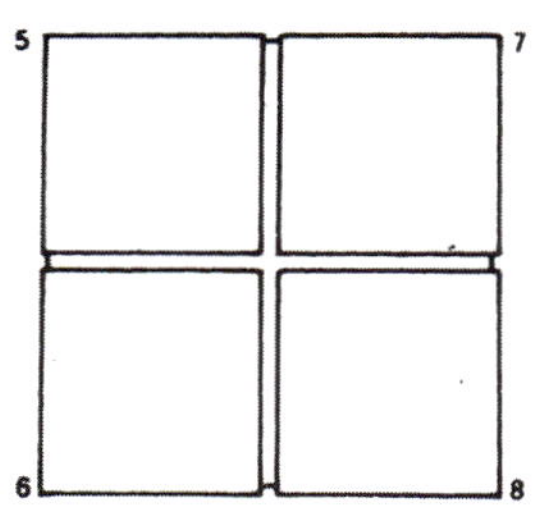

4 Retournez, vous voyez 4 petites poches.

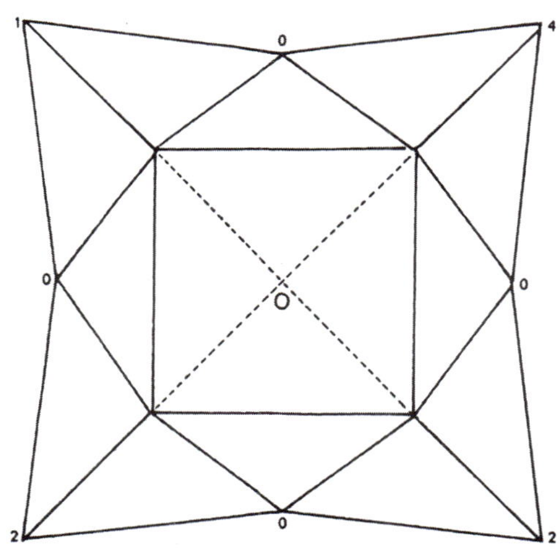

5 Puis, dépliez le tout. Laissez le carré du milieu comme base, et amenez les points O au centre.

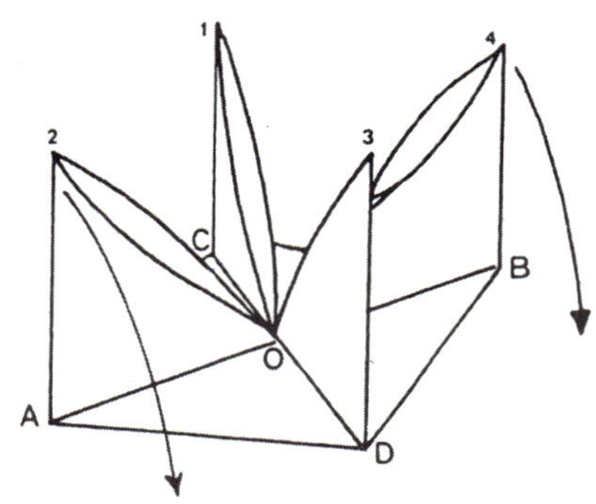

6 On obtient la figure ci-dessus, avec 4 pointes en l'air. Abaissez les pointes 2 et 4 .

La même, vue d'en haut :

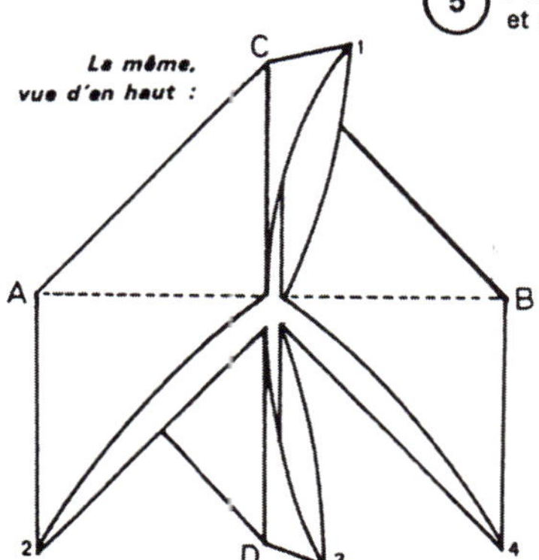

7 Repliez B vers A en arrière.

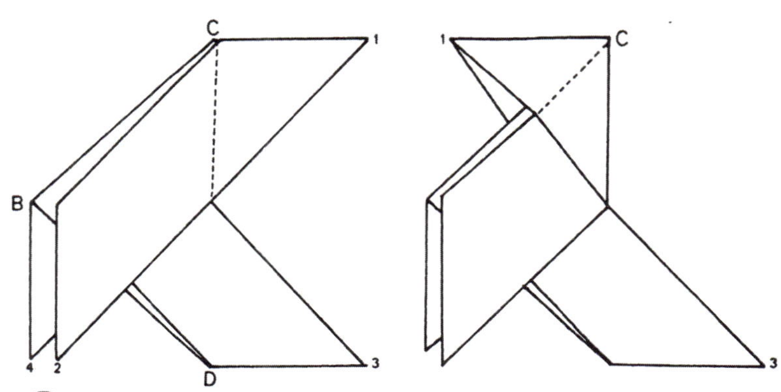

8 Retournez la pointe 1 de l'autre côté, en ouvrant un peu le pliage, pour faire la tête de la cocotte. Dessinez les yeux.

Pommes de terre animaux

Et si l'expression artistique nous venait de ce sacré Parmentier !
Vive la patate, ce succulent tubercule qui donne des frites, des purées comme on les aime, et qui permet aussi de jouer. Avec de petites pommes de terre, on peut faire un hérisson : son dos sera hérissé de cure-dents de bois, ses pattes seront taillées dans des allumettes.
Un chat : une très petite pomme de terre pour la tête, fixée par un bout d'allumette à une autre plus grosse. Ses oreilles : deux coins de plastique pour albums photos. Ses yeux et son museau : des grains de poivre.
Pattes en allumettes, queue avec un morceau de laine, moustache en vermicelle.
Une fois que cette technique très simple est acquise, on se lancera dans la création d'un oursin ou d'une coccinelle (points en grains de café), d'un renne dont les bois seront... des brindilles, ou d'oiseaux de contes de fée au plumage varié : plumes de perdrix, épis d'orge ou de blé. Va donc, eh ! patate !

Pommes de terre tampons encreurs

Jouez les Gutenberg avec Parmentier !
Avec de grosses pommes de terre et de la gouache à peine diluée, les enfants feront des tampons encreurs qui les amuseront beaucoup. Après avoir coupé les pommes de terre en deux, dessinez un motif dans la chair, avec la pointe d'un couteau : le dessin sera évidemment très stylisé (cœurs, arbres, fleurs ou lettres...), car il faut ensuite creuser le malheureux tubercule, en ne laissant apparaître que le dessin. Tâche ardue, plus difficile qu'un simple épluchage ! Le dessin devra avoir une épaisseur d'environ 1 cm. Il ne reste plus qu'à imbiber la pomme de terre de gouache déposée dans une assiette creuse, (en appuyant très fort), puis à imprimer les feuilles de papier.

Pompons

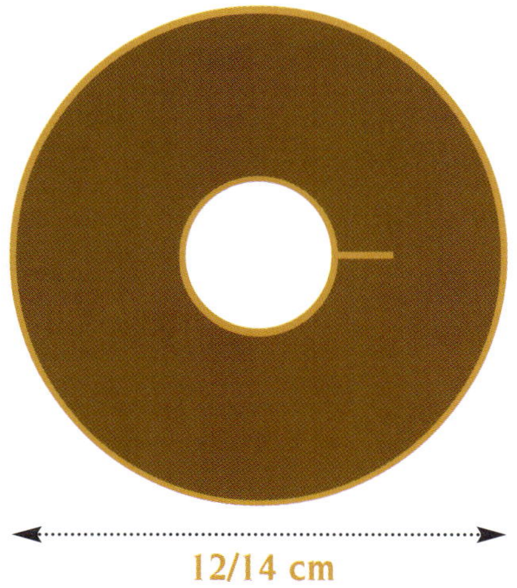

Le pompon est rouge. Merci à la Marine nationale de fabriquer des traditions ; il peut également se faire de toutes les tailles et bien sûr d'autres couleurs. Il sert de porte-clefs, de lien de cheveux avec une cordelière, à remplir des paniers...
Son exécution est assez compliquée mais spectaculaire. Faites un rond de carton robuste (au début assez large de diamètre - 12/14 cm - c'est plus facile) ; au centre de ce cercle, découpez un rond comme une pièce d'un euro, puis une fente dans ce carton jusqu'au centre. L'apprenti devra couvrir ensuite tout le cercle de laine (en ouvrant légèrement la fente), jusqu'à 2 ou 3 épaisseurs. Alors l'opération devient plus délicate. Avec une aiguille circulaire, serrez par le milieu avec un brin de laine double. Coupez ensuite la laine tout le long du cercle extérieur. Le pompon est prêt, superbe et rond comme une houpette. A faire à deux impérativement.
Vous pouvez les aider à améliorer leur performance artistique en mélangeant les couleurs de laine.

Poupées russes en carton

Les cartons gigognes colorés se fabriquent indifféremment avec du carton ondulé coupé en carré, recollés pour en faire des boîtes sans couvercle, passés à la peinture brillante ou encollés avec du papier reliure.
Mais pour quel usage ?
Des gigognes colorées à l'image des poupées russes, elles peuvent se peindre avec des thèmes géométriques.
Des échanges de couleur symétrique. Le premier est vert avec des dessins bleus, le second bleu avec des dessins verts, etc.
Ca se fait aussi, bien sûr, avec des cartons du commerce.
Mais le plaisir est grand à tailler, coller, faire aux mesures les carrés. Plus tard, on passe au bois, l'apprentissage du carton est salutaire pour éviter les gros bobos, les coups de marteaux.
Soyez industrieuse et prudente.

Puzzles maison

C'est une réalisation ingénieuse, minutieuse et efficace.
Collez un dessin effectué par vous ou par les enfants, sur du carton assez épais. Tracez au crayon à l'envers du dessin ces motifs simples s'imbriquant les uns dans les autres, sur le modèle des puzzles classiques. Découpez sur l'envers les morceaux du puzzle avec un cutter. Vous pouvez découper de la même manière des images ou des photos choisies dans des journaux ou des magazines.

Sable gravé

Rouault, vous savez Georges, la connaissait sûrement cette recette... Procurez-vous le matériel nécessaire : du sable, de la colle à l'eau (à papier peint, ou vinylique), un pinceau plat et des plaques de carton épais. Après avoir préparé la colle, mélangez-la avec du sable pour obtenir une pâte assez ferme. Avec le pinceau, étalez cette pâte sur les plaques de carton, sur une épaisseur d'environ 5 millimètres. Donnez aux enfants les instruments à graver : fourchettes, aiguilles à tricoter ou porte-plumes. Ils adoreront dessiner ainsi " dans " le sable.

Sachets et guirlandes parfumés

Ils deviennent des reliques, souvenirs embaumés de toutes les armoires d'aïeules, ces sachets parfumés qui embaument le linge dormant dans les armoires. Vous trouverez des plantes et des pétales de fleurs en magasins de diététique, pharmacies et herboristeries. Vous vous chargerez de la confection des sachets, les enfants s'amuseront à les remplir. De lavande, bien sûr, mais aussi de pétales de roses rouges, de quelques clous de girofle et d'une pincée de muscade râpée. Pensez à la citronnelle, et au thym-citron. Fermez chaque sachet avec un ruban étroit noué très serré. Les guirlandes à suspendre dans les penderies se réalisent avec des plantes fraîches, au goût (ou plutôt " au nez ") de chacun : menthe, thym-citron, pétales de roses, verveine ou romarin, etc. Il suffit, avec du fil et une aiguille, d'enfiler les feuilles et les petites branches comme des perles. Vous pouvez fabriquer des guirlandes plus ou moins longues, avec l'aide des enfants : même les plus réfractaires à la couture voudront participer...

Scoubidous

Moins régulière que la récolte de pommes et de poires, la mode des scoubidous apparaît et disparaît avec une régularité d'horloge. Mais lorsqu'elle revient, il est important pour les enfants de savoir les fabriquer. Leur enseigner l'art de " scoubider " correctement ne vous prendra que peu de temps : à partir de sept ans environ, ils l'apprendront avec une facilité déconcertante.
Les scoubidous de fils de plastique sont les plus classiques ; pour sortir de l'ordinaire, pensez à la grosse laine ainsi qu'à la ficelle, écrue ou colorée. Les scoubidous en très grosse ficelle (non pelucheuse) deviennent des objets superbes, qui pourront faire le bonheur d'un chien ou d'un chat ayant envie de se faire les dents.

Tableau doux

Qu'ils en profitent ! A vingt ans, ils trouveront que ça fait " démodé " !
Pour habiller un banal morceau de carton, il suffit de quelques chutes de tissus, de feutrine et de brins de laine. Un paysage de rêve, ou la maison qu'on aime, seront alors aussi doux au regard qu'au toucher. Ce sont les enfants qui créeront le dessin, au crayon noir. Puis ils vous aideront à découper le ciel, le champ ou l'arbre, les brins d'herbe en laine ou le toit de la maison... Utilisez de la colle à tissu.
On peut également employer de jolis boutons, des morceaux de ruban ou de galons à motifs floraux ou géométriques pour " encadrer " le tableau lorsqu'il est terminé.

Terre glaise

La terre glaise, matériau fascinant, est formidable à travailler, même si l'on n'a ni le matériel, ni le talent d'un véritable potier. Installez les enfants dans une pièce carrelée... ou étalez du papier journal sur le sol. Montrez-leur comment fabriquer des assiettes, des soucoupes, des petits bols ou des personnages. Peu importe que les formes et les contours soient approximatifs : ce qui compte là, c'est de faire un objet " mou " qui deviendra dur après séchage. Un miracle vraiment satisfaisant.
Ah ! oui, sachez que vous pouvez acheter cette fameuse terre dans les boutiques de dessin.
Pour immortaliser cet instant, modelez des carrés de 20 cm de côté sur une épaisseur d'1,5 cm. Demandez à chaque enfant d'y apposer l'empreinte de sa main (ou de son pied !) puis d'inscrire son prénom ainsi que la date, comme à Hollywood.

Tissu tressé

Vous avez appris aux petits-enfants à tresser de la laine (p. 35), ils sont donc capables de tresser du tissu. La technique est identique, seule la matière diffère : avec eux, partez à la chasse aux tissus inutilisés. Essayez d'en trouver plusieurs morceaux, de couleurs et motifs variés, que vous découperez en lanières de 2 ou 3 cm de large. Leur longueur pourra aller de 20 à 50 cm, ou davantage. Les lanières de même longueur seront tressées ensemble. Dès qu'une tresse sera terminée, faites quelques points à ses deux extrémités pour qu'elle ne s'effiloche pas.

Lorsque vous disposerez de plusieurs tresses, demandez aux enfants d'enrouler la première sur elle-même, comme une coquille d'escargot. Cousez cette tresse à une deuxième, et ainsi de suite jusqu'à ce qu'il n'en reste plus. Consolidez ce colimaçon coloré par quelques points de couture discrets. Il servira de napperon, ou de dessus de chaise de jardin.
Avec beaucoup de patience (et de tissus !), on peut réaliser sur le même principe un tapis rond et douillet à souhait.

Tricot

Profitez-en pour leur raconter votre guerre : " Moi, j'en faisais pour les Poilus ", vous transformerez la plus récalcitrante des gamines en marraine de guerre fondante.
Choisissez de grosses, très grosses aiguilles (7 ou 8 même), et de la laine qui va avec. Plus ça monte et plus c'est satisfaisant. Et faites faire des carrés au point mousse à toutes les petites filles (et pourquoi pas les petits garçons) de l'assemblée. Réunis et cousus, ces carrés harmonieux (!) font des couvertures molles, délicieuses pour mettre les pieds, ou des châles pour la maison. Débrouillez-vous pour trouver des grosses laines mouchetées mélangées avec de l'uni.
C'est très amusant.

Troncs de bois peint

Il y a toujours une scierie pas loin dans le village où l'on passe ses vacances. Faites couper " en tranches " de 3 cm des morceaux de tronc dont on a conservé l'écorce. On trouve encore chez les brocanteurs ces admirables œuvres d'art, plus kitsch que nature. A eux de jouer et d'improviser. Les natures mortes, les paysages de forêt, sont les bienvenus. On peut aussi en faire des cibles pour ces boules piquantes qu'on lance dans les fêtes.

Trousseau de poupée

Achetez un bébé baigneur, nu comme un ver et habillez-le de pied en cap. Pour les tricoteuses fraîchement émoulues, l'exercice est grisant. Pour les cousettes, itou !
Les chemises se font avec des morceaux de coton en carré. On coupe une bande de chaque côté du carré et on laisse le tissu plein sur un tiers, on coud jusqu'à la partie large et le bout fait les manches. Il ne reste qu'à couper une fente en haut pour passer la tête, le tour est joué.
Le même système peut se réaliser au tricot. Quant à la culotte du bébé, 2 carrés suffiront, avec une couture sur 3 côtés en laissant 2 trous pour les jambes sans coudre tout le fond. Le tout au point mousse. Cela va très vite... et ne demande pas une technique très savante. Si vous avez les aiguilles plus agiles, rien ne vous empêche de fabriquer un trousseau parallèle. L'émulation fait la création !

Village esquimau et village africain

Essayez de les faire voyager, de faire naître en eux le goût de l'exotisme. Pas de chauvinisme basco-béarnais ou bretonnant.
Pour chacun de ces villages, il faut 6 œufs, un crayon-feutre noir, un carré de carton de 30 cm de côté, du coton, du raphia et un grand buvard vert.

Village esquimau : percez les deux extrémités des œufs, et videz-les en soufflant par l'un de ces trous. Avec un couteau fin et aiguisé, découpez chaque coquille par son milieu. Les enfants dessineront sur chaque demi-coquille (avec le feutre noir) des rectangles figurant les blocs de glace d'un igloo. Avec le coton, ils façonneront des cercles bien aplatis, de 6 cm de diamètre environ. Collez le coton sur le carton, puis collez un igloo sur chaque morceau de coton. Les enfants termineront ce village en traçant un chemin reliant les igloos entre eux.

Village africain : pendant que vous préparez les œufs, de la même manière que ci-dessus, les enfants couperont des brins de raphia de 5 cm de long, et découperont dans le buvard des cercles de 10 cm de diamètre. Collez les demi-coquilles d'œufs sur les morceaux de buvard, laissez les enfants recouvrir ces “ cases ” en y collant le raphia. Il faut laisser une petite place pour pouvoir dessiner la porte d'entrée. Là aussi, on peut tracer un chemin, que l'on enduira de colle pour y “ semer ” des lentilles, ou des haricots...

JEUX À PLUSIEURS

Animal silhouette

Découpez dans du carton le corps d'un cochon. Ne sourcillez point, il ne s'agit pas d'apprendre l'anatomie. Découpez ensuite, toujours dans du carton, une queue en tire-bouchon, quatre pattes et une tête. Le tout peut être assez approximatif.

Il ne s'agit pas d'une œuvre d'art. Epinglez au mur le corps de la bête. Bandez les yeux de l'enfant et mettez-lui dans la main les papattes, la tête et la queue du cochon. Il devra les placer à l'aveugle sur le corps de la bête. Cela donne des résultats assez croustillants.

Sachez que toutes sortes de bestiaux peuvent convenir, tel le taureau. Bienheureux celui qui aura les oreilles et la queue…

Anneaux

C'est le jeu le plus stupide et le plus facile qui soit, il rappelle le manège où les p'tiots doivent attraper les anneaux avec un bâton.

Là, c'est en terre qu'on fiche un bâton, et chaque enfant doit lancer des anneaux (les gros en bois pour accrocher les rideaux sont épatants) dans le bâton.

Comment avez-vous deviné que le plus d'anneaux dans le bâton fait le gagnant, ainsi appelé le fameux " Seigneur des anneaux " ?

Ballon prisonnier

L'avantage formidable de ce jeu est qu'il peut " mobiliser " une ribambelle de mouflets. Pour ce faire, il faut un terrain conséquent que vous partagerez en deux. Les enfants par la même occasion se retrouveront en deux équipes.

Il faut un joueur de chaque camp pour ouvrir la partie ; chacun des deux joueurs se place de part et d'autre de la ligne centrale et s'efforce de renvoyer le ballon, lancé par un joueur neutre, dans son camp. Celui qui réussit assure le premier tir à son équipe. Alors commence le jeu : il s'agit de toucher les joueurs adverses avec le ballon de manière à les faire prisonniers. Tout prisonnier va se placer à l'arrière du camp adverse. S'il réussit à attraper, de volée, le ballon lancé par un de ses partenaires ou à le saisir lorsqu'il sort des limites du terrain, puis à atteindre un de ses adversaires, il est délivré, et celui qu'il a touché devient prisonnier de l'autre camp.

L'équipe gagnante est, vous l'avez deviné, celle qui a fait le plus grand nombre de prisonniers. Comme à la guerre hélas !

Bataille banale

Ah ! non. Vous n'allez tout de même pas nous apprendre la bataille. Mais si !
C'est le jeu inusable, inépuisable. Le premier dont les enfants ne se lassent jamais (ce qui n'est pas forcément le cas des grands-mères). Choisissez un jeu de 32 cartes, c'est une mesure de sécurité indispensable si vous ne voulez pas y passer la nuit. Donc, les cartes sont séparées en deux et, lorsqu'on joue, c'est la plus forte qui gagne.
Si c'est la même, on la recouvre par une carte fermée puis une ouverte… la plus forte remporte… et c'est celui qui n'a plus de carte le premier qui perd. Si vous êtes lasse, faites des triples batailles avec 3 cartes couvertes avant la dernière. Sinon, vous deviendrez tout à fait piquée !

Billes

Eternelles, elles ont accompagné tous les petits garçons du monde, snobs ou gavroche. Les billes connaissent parfois des moments d'oubli, avant de redevenir - pour un temps - la grande mode dans la cour de l'école. Cela ne doit pas empêcher les amoureux de ces merveilles de verre de les collectionner, même s'ils n'y jouent pas (ou plus).
Mises en bocaux, comme les confitures, les billes sont superbes. Vous les offrirez ainsi, par " grappes " de quarante ou cinquante pour les plus petites, ou par dix ou vingt pour les plus grosses. Qu'elles soient irisées, complètement transparentes ou mates, tâchez de les assortir selon leur genre et leur couleur. Ou bien n'hésitez pas, et mélangez-les.
Elles seront jolies en bocaux, mais aussi dans des verres aux formes simples. Et dans de grandes éprouvettes de laboratoire, les calots empilés les uns sur les autres ont vraiment beaucoup de charme.

Cabanes dans la maison

Robin des Bois, on les appelle tous comme ça... Tous les enfants ont une passion pour les cabanes. Un jeu d'extérieur le plus souvent, mais qui est également possible dans la maison. Pour que, faute d'autres lieux, ils n'utilisent plus vos penderies ou vos placards, vous pouvez réaliser une " cabane-table " : recouvrez une table d'un vieux drap, que vous raccourcirez s'il est trop long. Pratiquez des ouvertures pour les fenêtres et la porte. Et si vous avez conservé un très grand carton d'emballage, transformez-le aussi en cabane qui se décorera facilement avec des marqueurs de couleur.

Cache-tampon

Pourquoi tampon ? Ça devrait s'appeler cache-objet, cache-chiffon, cache quoi, je vous demande un peu !
Ainsi donc on cache un objet dans une pièce et l'enfant doit le retrouver. Pour l'aider dans son entreprise, les copains ponctuent ses recherches de *c'est froid*, selon qu'il s'éloigne de l'objet, *c'est tiède*, selon qu'il s'en rapproche, *c'est chaud*, *c'est brûlant*, jusqu'à ce qu'il trouve !
Rite étrange qui semblerait dire que la possession c'est l'enfer. Réflexion freudienne d'une grand-mère folle comme une guêpe !

Cartes soufflées

Idéal avec de vieilles cartes bombées qui ont quelques heures de vol, usées aux réussites des grands-mères ravies. C'est un jeu de rues méditerranéen.
Une vingtaine de cartes environ sont posées à plat sur une marche d'escalier, les petits mettent leur visage à hauteur de la marche et doivent retourner le maximum de cartes en soufflant.
On ramasse les cartes retournées avec le souffle du p'tit bien joufflu, on amasse et on laisse le tour à l'autre souffleur.

Castelle ou le jeu du noyau d'abricot

Un jeu méditerranéen, tunisien exactement. Trois noyaux posés en triangle et un posé sur la base triangulaire. Il faut les disposer au pied du mur, petites pyramides les unes derrière les autres.
A deux mètres, on fait une ligne de lancer et, avec des projectiles de même origine (j'ai nommé des noyaux d'abricots), on tente de détruire les édifices préalablement construits.
A chaque effondrement, l'enfant vainqueur récupère les noyaux de l'autre, plus le sien.
A chaque coup raté il en perd un.
Pouvez-vous me dire exactement à quoi servent les billes en été ?

TONTON TONTON TONTAINE TONTON
MICHELET, SC.

Chaises musicales

Prétexte à fou rire, à bousculade, à chahut, le jeu des chaises musicales demande à l'aïeule une patience chevillée au corps et un bel espace vide…

Mettez en ovale autant de chaises que d'enfants, moins une. Les enfants courent autour du " manège " de sièges, au son d'une musique entraînante (choisissez plutôt de la musique militaire que la *Pavane pour une infante défunte* !). On stoppe brusquement les flots d'harmonie, les enfants doivent s'asseoir. Un seul se retrouve debout, il a un gage… et on recommence !

Chandelle

On l'oublie… Il faut qu'elle soit jouée dehors, et éviter les " chouchouteries " pour ne pas que le même enfant soit tout le temps dans le rond en pénitence !

Donc, les petits font un grand rond, assis par terre. Deux d'entre eux sont désignés par le sort. L'un (la chandelle) s'assied au centre du cercle, l'autre (le coureur) prend un foulard, court autour du cercle et pose le tissu derrière le dos d'un joueur.

Le garçon ou la fillette qui ne s'aperçoit pas qu'il a été " marqué " du foulard remplace celui qui se trouve au milieu du cercle. Si en revanche, il s'en aperçoit, il se lève et poursuit celui ou celle qui a déposé le foulard dans son dos. Le joueur rattrapé avant d'avoir pu regagner la place laissée libre (mais c'est assez rare…) se met au milieu du cercle et libère ainsi celui qui s'y trouve déjà. Le joueur en possession du foulard continue le jeu… sans fin !

Chansons sans fin : les canons

Faire chanter les enfants (sauf si par miracle toute votre progéniture méritait de figurer chez les Petits Chanteurs à la croix de bois) demande parfois un courage singulier pour l'oreille.

Si vous le possédez, essayez les canons, cela les amuse beaucoup, ça se termine dans une cacophonie sans égale mais ça met de l'ambiance. Donc, un ou plusieurs enfants commencent à chanter, ensuite ils sont relayés par d'autres qui commencent la chanson au début et ainsi de suite jusqu'à faire une totale harmonie...

Les plus spectaculaires sont :

Frère Jacques, frère Jacques
Dormez-vous, dormez-vous
Sonnez les matines, sonnez les matines
Ding, ding, dong, Ding, ding, dong.

Orléans, Beaugency
Notre-Dame de Cléry
Vendôme, Vendôme.

Maudit sois-tu carillonneur
Que Dieu créa pour son malheur
Dès le point du jour à la cloche il s'accroche
Et le soir encore on le trouve à son poste
Quand sonnera-t-on la mort du sonneur.

Mais vous pouvez innover...

Chat - Chat perché

Jouer à chat n'est rien d'autre que de courir après son " prochain " jusqu'à l'attraper. Alors celui-ci devient chat, ce qui ne se passe jamais, paradoxalement, sans quelques aboiements…
La version alpiniste, dite du chat perché, veut que le poursuivi doive se percher avant que le poursuivant ne le touche. Et voilà qui se joue depuis que le monde est monde, et qu'on appelle un chat, un chat !

Colin-maillard

Attention les yeux Il faut les bander à celui qui s'y colle… Il devra retrouver un enfant et le reconnaître ; celui qui est reconnu aura à son tour les yeux bandés et ainsi de suite…
Le jeu est bien sûr de faire la nique à l'aveugle, de le pousser et de le faire devenir chèvre, en un mot.
Conseil évident si vous ne jouez pas à colin-maillard en plein air : poussez meubles et bibelots, sinon attention les yeux (voir plus haut !).

Déguisements à faire soi-même et maquillage

Il n'est absolument pas nécessaire que ce soit Mardi gras ou la Mi-carême pour se déguiser… Il suffit d'avoir un temps gris. Du papier crépon, des collants et des idées plein la tête. Changer de peau est même délicieux pour les adultes lorsqu'ils sont un peu entreprenants. Les maquillages " marchent " bien aussi.

Prenez des fards gras Leichner et faites aux enfants une tête d'Arlequin ; partagez le visage du petit en losanges avec du crayon noir, avec le minimum d'harmonie. Commencez par un losange à chaque œil en suivant géométriquement de chaque côté du visage. Remplissez chaque losange de couleur. C'est tout à fait étonnant. Le chat peut se faire avec un morceau de collant noir : trouez les yeux, faites des oreilles de carton noir et des moustaches de paille.

Le papier crépon rouge foncé avec un petit panier et une galette et le fond des bois… (Qui est donc celle-là ?)

Les plumes du plumeau (neuf bien sûr) font des coiffes d'Indien superbes, des couronnes de fleurs serrées et des rubans flottants font une coiffe hongroise.

Écriture sur le front

Au front des troupes, le moral est bon.
Au front de l'écriture, le bizarre est assuré.
Que l'enfant bien-aimé se couvre le front d'une feuille de papier scotché ou tenu de sa main gauche. De l'autre, qu'il écrive son nom sur ladite feuille.
Même les plus malins auront une surprise (et vous même…) et pour reconnaître leur patronyme seront presque obligés de jouer les Narcisse et de se regarder dans la glace !

Foulard

Scouts toujours prêts, à quoi ? A jouer au jeu du foulard dont ils sont probablement sinon les inventeurs, du moins les précurseurs.
Il s'agit tout bonnement de coincer un foulard dans sa ceinture et dans le dos à la fois. Les deux protagonistes devront, dans une jolie danse qui ressemble à celle de la boxe, décrocher au plus vite le foulard… de l'autre évidemment.

Métiers

Classicisme total. On doit mimer un métier et les autres doivent trouver. Cela donne lieu à des contresens et quelques mésaventures cocasses. Allez donc faire le choix entre le boucher et le chirurgien, le plombier et le nageur de combat !

Mikado-spaghetti

Singulièrement astucieux, lorsqu'on est en panne de Mikado, de penser aux paquets de spaghetti que l'on a toujours chez soi. Jeté en vrac sur une nappe, un paquet de 500 g produira un effet certain chez les affamés de jeux en tous genres.

Momie

Gracieuse évocation de l'Egypte antique, le jeu a comme accessoire du papier hygiénique en rouleaux, le plus solide possible. Amis de la poésie… bonjour !
Deux équipes ou davantage se chargent de transformer en momie un enfant allongé, les bandelettes traditionnelles étant remplacées par le papier. Le premier transformé en momie a gagné. Fou rire assuré, précipitation, désordre mais très joyeux résultat. Le papier se casse, se froisse et le mystère de la momie a longue vie.

Objets cachés

Classique entre tous, cet exercice-là - fait pour déclencher le sens de l'observation - reste assez compliqué s'il est joué rapidement. Il s'agit de poser sur une table une dizaine d'objets. On peut commencer par moins et finir par plus. On laisse l'enfant les regarder 5 minutes, on les cache ensuite avec un foulard et il doit s'en souvenir et les énumérer. Vous-même vous en oublierez certainement quelque-uns, chère aïeule à l'œil de faucon !

Chien

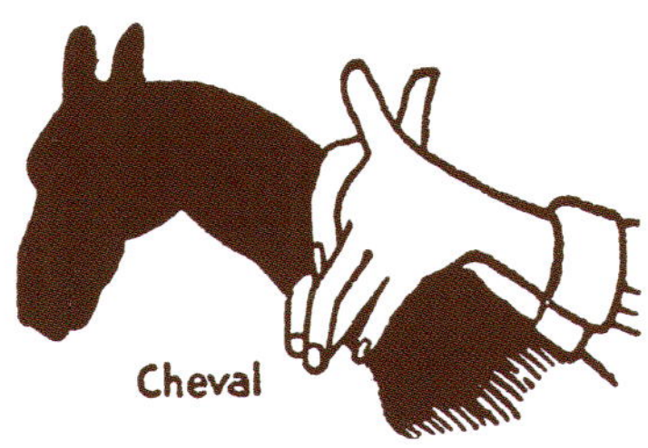
Cheval

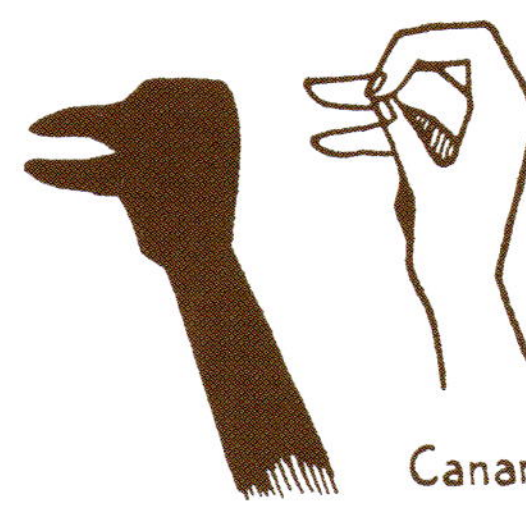
Canard

Bouc

Ombres chinoises

Elles fascinent, elles amusent et font aussi un peu peur, mais juste ce qu'il faut... Une lampe ou une bougie, un mur blanc, et vos mains feront naître et remuer les personnages et des animaux dont les enfants ne se lasseront pas. Le lapin, le canard, le chat, le bonhomme, le coq et le chien, ils sont tous là, sans oublier la chèvre et sa barbichette... et tout ce que vous saurez inventer avec vos doigts de fée.

Paysan

Eléphant

Chat

Bonhomme

Lapin

Loup

Pêche miraculeuse

Cette pêche est particulièrement appréciée pour les goûters d'anniversaire et autres fêtes carillonnées. Préparez des bâtons faisant figure de cannes, armez-les de ficelles avec en haut une épingle à cheveux robuste pliée en crochet. Chaque enfant piochera dans les paquets que vous aurez préparés avec du papier crépon de toutes les couleurs. Vous y aurez enveloppé des bonbons, des soldats de plastique, des petites autos, des crayons, des stylos. Mais aussi des bons pour des gages - la pêche doit être hasardeuse : on ne gagne pas du bonheur à tous les coups.

Photos ratées

Mettez en pratique le slogan optimiste, " le pire est toujours utilisable ", et pour se consoler des photos ratées, faites-en un album. Un beau, un vrai. Il ne s'agit pas d'y conserver les photos carrément désespérantes, sur lesquelles on a du mal à reconnaître les plus jolis minois, mais de se limiter à quelques thèmes précis. Proposez aux enfants de vous aider à opérer ce tri, ils ne se feront pas prier, bien au contraire : choisissez les photos floues, ou celles qui sont mal cadrées et coupent les silhouettes. Mais les plus amusantes sont sans conteste celles où les gens ont cligné des paupières, au moment précis du cliché.
Ils ferment les yeux d'un air appliqué, ayant l'air de dormir debout ou assis, en train de manger ou de parler…
Ce genre de volume donne de mémorables fous rires.

Phrase interminable

Inusable, intolérable…

J'en ai marre
Marabout
Bout de ficelle
Selle de cheval
Cheval de bois
Bois de campêche
Pêche à la ligne
Ligne de fond
Fond de culotte
Culotte de zouave
Zouave d'Afrique
Fricassée
C'est assez
C'est à recommencer
C'est à Jean…

Mais vous pouvez aussi inventer.

Phrase interminable (bis)

Version exotique.

Pourquoi qu'la fatma l'avait bu mon ami (bis)
Parce que la fatma l'avait soif mon ami
Pourquoi qu'la fatma l'avait soif (bis)
Parce que la fatma l'avait chaud mon ami
Pourquoi qu'la fatma l'avait chaud (bis)
Parce qu'il y avait le feu dans l'gourbi mon ami
Pourquoi qu'y avait le feu dans l'gourbi (bis)
Parce que la fatma l'y avait mis mon ami
Pourquoi qu'la fatma l'y avait mis (bis)
Parce que la fatma l'avait bu mon ami

Et on recommence… Et même ça se chante !

Phrases impossibles

Voilà de quoi faire bafouiller, rire, exercer le langage des enfants. Ce sont ces petites phrases traîtresses qu'on n'arrive pas à prononcer et qui donnent souvent lieu à des ambiguïtés coquines, ce qui est bien sûr voulu.

Pruneau cru pruneau cuit.

Un chasseur sachant chasser doit savoir chasser sans son chien.

Didon dîna dit-on du dos d'un dodu dindon du Don.

Si six scies scient six cyprès, six cyprès seront sciés.

Combien sont ces six saucissons-ci et ces six saucisses aussi ?

C'est six sous ces six saucissons-ci, et six sous ces six saucisses aussi.

Quand un cordier cordant veut sa corde accorder
Pour sa corde accorder, trois cordons il accorde,
Mais si l'un des cordons de la corde décorde,
Le cordon décordant fait décorder la corde.

Les chaussettes de l'archiduchesse sont-elles sèches, archi-sèches ?

Si ton tonton tond ton tonton,
ton tonton tondu sera.

Si ces six sangsues sont sur son sein sans sucer son sang, ces six sangsues sont sans succès.

Pour qui sont ces serpents
Qui sifflent sur nos têtes.

Portrait tout court

Autre classique qui fonctionne toujours : le portrait. En posant des questions dont la réponse doit être seulement oui ou non, il s'agit de deviner à quel personnage pense votre interlocuteur. Les petits ne doivent pas tricher, les grands non plus d'ailleurs. Sachez que les premières personnes choisies sont généralement papa, maman, vous-même, ce qui permet de révéler au passage quelques vérités premières pas toujours délicieuses.

Elle est vieille ? Oui. - *C'est moi* ? Oui.

Cruelle enfance !

Quatre coins

Comme son nom l'indique, le jeu consiste à placer un enfant à chaque coin d'un carré imaginaire et un autre au milieu.

Les enfants des coins doivent changer de place, et l'enfant du milieu devra prendre un des coins. Cet exercice doit se jouer rapidement, bousculade assurée !

N'hésitez pas à inciter les chers petits à ce jeu quelquefois oublié !

Saute-mouton

Autrement appelé saute-mémé… si vous participez et que vous ne teniez pas à imposer le respect. Donc les moutons (autrement dit les enfants) se mettent à quatre pattes, jambes et bras tendus. Le premier saute sur le second en appuyant ses mains sur le dos et en jetant ses jambes de chaque côté. Il escalade ainsi tous les moutons et se remet à quatre pattes au bout de la chaîne et on recommence, le premier devenant le dernier comme dans la Bible…

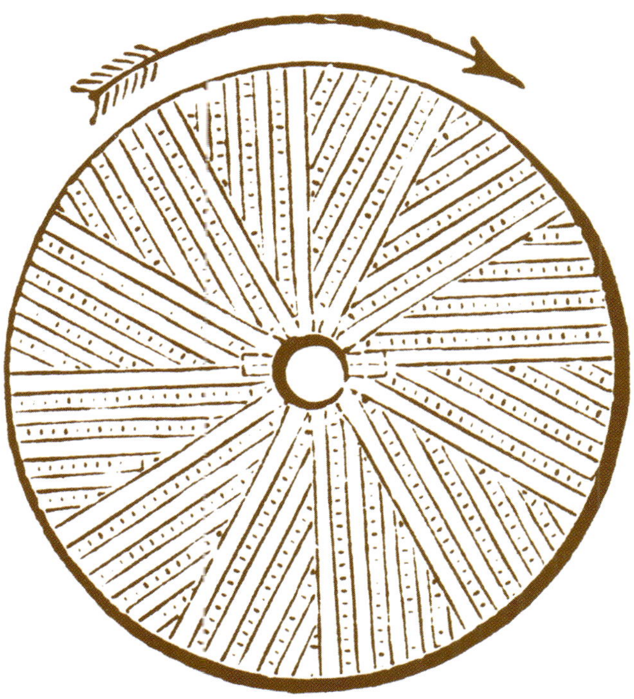

Tombola

La roue de la fortune (si vous ne possédez pas déjà une roulette de casino dans une boîte de jeux réunis) peut se fabriquer avec un carton coupé en cercle, séparé en tranches où vous inscrivez les numéros. Un grand trou au milieu du rond se met sur une toupie avec arrêt fixé sur le support. Certes, c'est moins sophistiqué qu'à la télé, ça gondole un peu mais ça ne manque pas de charme.
Evidemment vous aurez préparé des petits cadeaux pour les gagnants mais la fabrication du jeu est largement aussi drôle que le tirage lui même…

Tournicota

Mettez un enfant de dos. L'œil au mur. Ses condisciples en rangs serrés derrière lui devront l'atteindre à petits pas comptés et discrètement sans être vus. 1-2-3, dit-on. Le " pion " peut alors se retourner et celui qui bouge doit revenir à la ligne de départ. Le premier arrivé a gagné, vous l'avez deviné.

Voyage

Tenir à peu près convenablement une nichée sur le parcours des vacances, enfermée dans une automobile, n'est pas une sinécure.
D'abord au coin de la rue, ils commenceront à hurler : " c'est quand qu'on arrive ? " Si c'est vous la grand-mère au volant, vous deviendrez folle très vite.
Alors le tennis barbe fonctionne encore : 15 à chaque barbu croisé, 30-40, jeu, etc.
Les chansons canalisent aussi bien l'énergie.
Les jeux de chiffres et de lettres consistent à trouver leurs initiales sur les plaques des autos ou le numéro de leur rue, leur date de naissance ou la vôtre... si vous n'êtes pas menteuse !

SAGA FAMILIALE & FÊTES

Anniversaire

La tradition restait solidement établie dans ma famille jusqu'à 20 ans. Un paquet par année d'âge, numéroté, le plus modeste portait le numéro 1, le cadeau-vedette, le dernier, celui de l'âge souhaité. Du paquet de cigarettes en chocolat au dernier jouet souhaité, on peut décliner à l'infini.
L'emballage (très important) peut se faire en papier crépon, en papier velin, en papier kraft, avec de fausses ficelles - au marqueur - à nœud dessiné.
J'en connais qui sévissent encore avec leurs amoureux pour leurs 70 ans. Tradition oblige !

Arbre à soi

Auprès de mon arbre, je vivais heureux, le poète ne s'y trompait pas.

Si vous avez la chance de posséder un jardin, tâcher d'y garder de la place pour planter un nouvel arbre, à la naissance de chacun de vos petits-enfants. Plus tard, ils seront fiers et émus devant " leur " arbre, cet objet vivant, solide et magique aussi... puisque témoin silencieux de leur propre croissance. Votre jardin ressemble à un mouchoir ? Ce n'est pas grave, à défaut d'un arbre, plantez, par exemple, une pivoise arbustive. Année après année, elle se transformera en un majestueux arbuste, couvert de fleurs superbes à chaque joli mois de mai. Songez aussi aux magnolias, rhododendrons et autres seringas.

Arbre généalogique

Cet arbre-là, il sera planté à jamais dans leur cœur,
si vous prenez la peine de leur apprendre à connaître la signification des branches… leurs racines en quelque sorte.
C'est ce que l'on appelle l'arbre de transmission.

Baisers

Embrassez-nous !
Les baisers, grande revendication des grands-mères, enquiquinent les petits-enfants depuis des générations.
Ne les achetez pas - c'est nullissime. Si tu me fais un baiser t'auras une sucette, est d'une rare obscénité. Mais rusez, que diable !

Baiser chinois : l'œil contre l'œil.
Baiser volé : en courant derrière une table.
Baiser esquimau : c'est le même que le chinois et alors ça fait deux.
Baiser d'oiseau : picoré avec une graine.
Baiser du vampire : aïe, aïe, aïe.
Baiser de z'amoureux : on ferme les yeux.
Baiser goulu : ça c'est un gage lorsqu'ils ont perdu au jeu et c'est parfaitement malhonnête.
Baiser offert spontanément... un rêve accessible jusqu'à un âge raisonnable !

Dis bonjour à la dame... Embrassons-nous !

Bas de laine

Grands-mères Harpagon, tournez vite la page...
Mais si la petite monnaie encombre et alourdit votre porte-monnaie, pensez à trier régulièrement les pièces de cinq, dix et vingt centimes, pour constituer un “ trésor ” destiné à vos petits-enfants. Chacun d'eux aura ainsi, en temps voulu, le bonheur de se sentir très, très, très riche, et vous pas vraiment moins.

Branchages de fêtes

Dans notre série le Père Noël n'est pas une ordure, puisque c'est vous, l'un des plus beaux “ sapins de Noël ” qui soit reste, tout simplement, un grand bouquet de branchages ramassés en forêt. Choisissez des branches qui sont tombées d'elles-mêmes, et suffisamment ramifiées pour être facilement décorées. Placez le bouquet dans un beau vase tout rond, dans lequel vous aurez disposé des cailloux pour fixer la base des branches. Vous pouvez alors, selon vos goûts, choisir des décorations “ classiques ” ou plus aériennes : uniquement des cheveux d'anges ou des étoiles, des boules d'une seule ou de deux couleurs...
Laissez aller votre imagination. Mais on obtient un résultat ravissant avec des boules de très petite taille : un bouquet tout blanc, ou juste bleu clair et bleu foncé, ou rose et rouge.

Chandeleur

Mardi-gras, t'en va pas,
J'f'rai des crêpes, j'f'rai des crêpes,
Mardi-gras, t'en va pas,
J'f'rai des crêpes et t'en auras !

La coutume veut que le 2 février, il y ait des crêpes au repas du soir, ce dont personne ne se plaindra.

On raconte que pour mettre la chance et la richesse de son côté, il faut faire sauter les crêpes avec un lou s d'or dans la main : si vous n'avez pas de louis d'or cette année, essayez avec une pièce d'un euro pour voir si ça marche vraiment !

On raconte aussi qu'autrefois, le maître (ou la maîtresse) de maison devait préparer lui-même la dernière crêpe, pour avoir de la chance à ne plus savoir qu'en faire… à condition de jeter ensuite cette crêpe derrière l'armoire à linge. L'histoire ne dit pas si l'on pouvait ramasser la crêpe ou non…

Les enfants adorent les crêpes, mais ils aiment surtout participer à leur fabrication (p. 102) et à leur cuisson. Laissez-les faire, même si quelques malheureuses tombent par terre.

Chansons anciennes

Vous calez après la première strophe. Sûr. Alors à vos notes, prêts, partez pour le répertoire classique.

La bonne aventure

Je suis un gentil poupon
De belle figure,
Qui aime bien les bonbons
Et les confitures.
Si vous voulez m'en
donner,
Je saurai bien les manger.
La bonne aventure,
Oh gai !
La bonne aventure !

Lorsque les petits garçons
Sont gentils et sages,
On leur donne des bonbons,
De jolies images.
Mais quand ils se font
gronder,
C'est le fouet qu'il faut
donner.
La triste aventure,
Oh gai !
La bonne aventure !

Je serai sage et bien bon,
Pour plaire à ma mère.
Je saurai bien ma leçon,
Pour plaire à mon père ;
Je veux bien les contenter,
Et s'ils veulent
m'embrasser,
La bonne aventure,
Oh gai !
La bonne aventure !

Coucou

En passant dans un petit bois
Où le coucou chantait,
Où le coucou chantait,
Dans son joli chant il disait :
" Coucou, coucou, coucou, coucou ",
Et moi je croyais qu'il disait :
" Cass'-lui le cou, cass'-lui le cou ",
Et moi de m'en coure, coure, cour',
Et moi de m'en courir !

En passant auprès d'un étang
Où les canards chantaient,
Où les canards chantaient,
Dans leur joli chant ils disaient :
" Cancan, cancan, cancan, cancan ",
Et moi qui croyais qu'ils disaient :
" Jett'-le dedans, jett'-le dedans ",
Et moi de m'en coure, coure, cour',
Et moi de m'en courir !

En passant d'vant une maison
Où la bonn' femme chantait,
Où la bonn' femme chantait,
Dans son joli chant elle disait :
" Dodo, dodo, dodo, dodo ",
Et moi qui croyais qu'elle disait :
" Cass'-lui les os, cass'-lui les os ",
Et moi de m'en coure, coure, cou'
Et moi de m'en courir !

Il pleut, il pleut bergère

Il pleut, il pleut bergère,
Presse tes blancs moutons,
Allons sous ma chaumière,
Bergère, vite, allons ;
J'entends sur le feuillage
L'eau qui tombe à grand bruit ;
Voici, voici l'orage
Voilà l'éclair qui luit.

Entends-tu le tonnerre ?
Il roule en approchant ;
Prends un abri, bergère,
A ma droite en marchant,
Je vois notre cabane…
Et tiens, voizi venir
Ma mère et ma sœur Anne,
Qui vont l'étable ouvrir.

Bonsoir, bonsoir, ma mère ;
Ma sœur Anne, bonsoir
J'amène ma bergère
Près de vous pour ce soir.
Va te sécher, ma mie,
Auprès de nos tisons,
Sœur fais-lui compagnie,
Entrez, entrez, petits moutons.

Soignons bien, ô ma mère,
Son tant joli troupeau ;
Donnez plus de litière
A son petit agneau.
C'est fait. Allons près d'elle,
Eh bien ! Donc te voilà !
En corset qu'elle est belle !
Ma mère, voyez-la.

Soupons, prends cette chaise,
Tu seras près de moi ;
Ce flambeau de mélèze
Brûlera devant toi ;
Goûte de ce laitage,
Mais tu ne manges pas ?
Tu te sens de l'orage,
Il a lassé tes pas.

Eh bien, voilà ta couche,
Dors-y jusques au jour ;
Si mon amour te touche
Ah, veuille sans détour
Me le dire, bergère,
Ma mère et moi, demain,
Nous irons chez ton père
Lui demander ta main.

Au clair de la lune

Au clair de la lune,
Mon ami Pierrot ;
Prête-moi ta plume,
Pour écrire un mot ;
Ma chandelle est morte,
Je n'ai plus de feu ;
Ouvre-moi ta porte,
Pour l'amour de Dieu.

Au clair de la lune,
Pierrot répondit :
Je n'ai plus de plume,
Je suis dans mon lit.
Va chez la voisine,
Je crois qu'elle y est,
Car dans sa cuisine,
On bat le briquet.

Au clair de la lune,
S'en fut Arlequin
Frapper chez la brune,
Ell' répond soudain :
Qui frapp' de la sorte ?
Il dit tout mielleux :
Ouvrez votre porte,
J'voudrais plume et feu.

Au clair de la lune
Restez, mon gaillard,
Riposte la brune,
J'n'ouvre pas si tard ;

Gagnez donc un rhume
A rôder ainsi,
Car vot' feu, vot' plume,
ça n'prend pas ici.

Le roi Dagobert

C'est le roi Dagobert,
Qui met sa culotte à l'envers ;
Le grand saint Eloi
Lui dit : " O mon roi !
Votre majesté
Est mal culottée !
- C'est vrai, lui dit le roi,
Je vais la remettre à l'endroit ."

Le bon roi Dagobert
Faisait peu sa barbe en hiver ;
Le grand saint Eloi
Lui dit : " O mon roi !
Il faut du savon
Pour votre menton.
- C'est vrai, lui dit le roi,
As-tu deux sous ? Prête-les moi. "

Le roi faisait des vers
Mais il les faisait de travers ;
Le grand saint Eloi
Lui dit : " O mon roi !
Laissez les oisons
Faire des chansons.
- C'est vrai, lui dit le roi,
C'est toi qui les feras pour moi. "

Le bon roi Dagobert,
Chassait dans les plaines d'Anvers ;
Le grand saint Eloi
Lui dit : " O mon roi !
Votre majesté est bien essoufflée.
- C'est vrai, lui dit le roi,
Un lapin courait après moi. "

Le bon roi Dagobert
Allait à la chasse au pivert;
Le grand saint Eloi
Lui dit : " O mon roi !
La chasse aux coucous
Vaudrait mieux pour vous.
- Eh bien, lui dit le roi,
Je vais tirer, prends garde à toi. "

Le bon roi Dagobert
Avait un grand sabre de fer ;
Le grand saint Eloi
Lui dit : " O mon roi !
Votre Majesté
Pourrait se blesser.
- C'est vrai, lui dit le roi,
Qu'on me donne un sabre de bois. "
Le bon roi Dagobert
se battait à tort, à travers ;
Le grand saint Eloi
Lui dit : " O mon roi !
Votre Majesté
Se fera tuer.
- C'est vrai, lui dit le roi,
Mets-toi bien vite devant moi. "

Le bon roi Dagobert
Voulait s'embarquer sur la mer ;
Le grand saint Eloi
Lui dit : "O mon roi !
Votre Majesté
Se fera noyer.
- C'est vrai, lui dit le roi,
On pourra crier : Le roi boit !"

Gentil Coqu'licot

J'ai descendu dans mon jardin (bis)
Pour y cueillir du romarin :

Gentil Coqu'licot, mesdames
Gentil Coqu'licot, nouveau.

Pour y cueillir du romarin : (bis)
J'nen avais pas cueilli trois brins

Gentil Coqu'licot, etc

J'nen avais pas cueilli trois brins (bis)
Qu'un rossignol vint sur ma main ;

Gentil Coqu'licot, etc

Qu'un rossignol vint sur ma main ; (bis)
Il me dit trois mots en latin :

Gentil Coqu'licot, etc

Il me dit trois mots en latin : (bis)
Que les hommes ne valent rien,

Gentil Coqu'licot, etc

Que les hommes ne valent rien, (bis)
Et les garçons encor bien moins ;

Gentil Coqu'licot, etc

Et les garçons encor bien moins ; (bis)
Des dames il ne me dit rien...

Gentil Coqu'licot, etc

Des dames il ne me dit rien... (bis)
Mais des d'moisell's beaucoup de bien.

Gentil Coqu'licot, etc

Citrouilles Halloween

Entièrement volées aux Américains qui en garnissent fenêtres et vitrines pour la fête d'Halloween en novembre. Fête probable des sorcières. Les citrouilles sont vidées avec précaution par un cercle taillé à la base ; on gratte avec une cuillère. Rien ne vous empêche de faire de la soupe à la citrouille aux chers petits (il suffit de faire cuire les morceaux dans du lait, très doucement, et de passer au mixer en salant et en ajoutant de la noix de muscade en poudre).

Les citrouilles vidées, on les découpe pour faire les yeux, le nez et la bouche ; les cheveux peuvent être faits avec du vert de poireau ou tout autre produit sorti de votre imagination ou de votre garde-manger.

Le comble du chic est de mettre à l'intérieur une bougie courte et râblée. Elles sont alors vraiment inquiétantes.

Compliment

Si vous êtes d'humeur à vouloir faire plaisir à votre fille ou à votre belle-fille préférée, n'hésitez pas à leur apprendre ce petit poème plus kitsch que nature :

Tout peut s'user
Mais moi je connais quelque chose
Qui ne peut jamais s'user
C'est la joie de maman
Qui reçoit des baisers
De son enfant...

Crèche

Foncez entre le bœuf et l'âne gris... La crèche fait partie des délices de Noël. Si cela vous est possible, installez-la avec les enfants, qui sont toujours ravis de se voir confier cette tâche. Les personnages et animaux en présence ont, bien entendu, une signification précise, mais ils représentent aussi une occasion de raconter vos propres Noëls d'enfant. Et si vous avez gardé la crèche utilisée pour vos enfants lorsqu'ils étaient petits, celle-ci sera plus magique encore pour vos petits-enfants. Dans certaines familles les crèches ont parfois une longue histoire derrière elles. Et pourquoi ne pas essayer les santons en pâte à sel (voir recette p. 43).
Les santons modernes sont souvent très beaux. Heureusement, car il est difficile d'en trouver des anciens en parfait état ; dans ce cas, il manque souvent un ou plusieurs personnages. Si c'est le petit Jésus, ça fait désordre...

Défendu

Difficile d'en donner les règles, il est permanent dans le cinéma des aïeux. La grand-mère se doit de donner le ton : une heure de plus exactement avant de se coucher, possible ; les yeux battus après onze heures du soir, impossible.
Le chewing-gum prohibé par les parents, une tablette peut-être, un paquet sûrement pas. Les gros mots, jamais... Il y avait chez ma grand-mère un vieux philodendron triste et déplumé, on l'appelait l'arbre aux gros mots. On pouvait lui déverser toutes sortes d'horreurs à mi-voix. Mamie disait que c'était ça qui le faisait dégénérer... Un peu naïf pour les mômes d'aujourd'hui, pensais-je. Mais non !!

Ecrire à un enfant qui commence à lire

Attention de ne pas faire de fautes d'ortographe par inadvertance... Ecrire à vos petits-enfants est un plaisir pour vous, mais il faut qu'il en soit de même pour eux : les lettres que vous leur envoyez perdront de leur charme s'ils doivent demander de l'aide pour les déchiffrer. Donc, soignez votre écriture, comme on vous l'a appris à l'école !
Pour les enfants qui débutent juste la lecture, des dessins agrémentés de quelques mots leur plairont beaucoup : ils aimeront reconnaître les personnages familiers représentés par des dessins " parlants " - la tante Dominique et son chien Zorro, la petite cousine Mathilde et son nounours, ou vous-même sur votre vélo préféré... De toute manière, un jeune enfant est toujours ravi de recevoir du courrier, que ce soit une simple carte postale ou une lettre plus élaborée. Du courrier qui lui soit véritablement destiné, avec une enveloppe à son nom, le touchera davantage qu'un petit mot glissé dans l'enveloppe adressée à ses parents.
Il existe en vrai et ne doit pas être mêlé au courrier de la famille.

Epiphanie (fête des Rois)

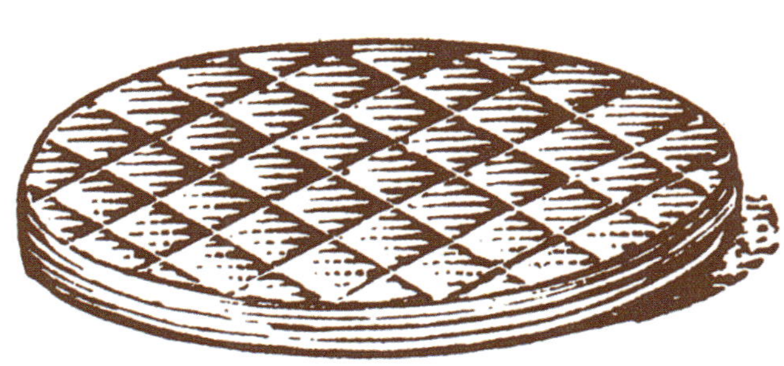

Pluie aux Rois, blé jusqu'au toit, comme tous les dictons, celui-ci est peut-être sujet à caution. Initialement fixée au 6 janvier, la fête des Rois est le plus souvent reportée au dimanche suivant le Nouvel An. La galette est feuilletée au nord du pays, et briochée dans le sud, mais on y trouve toujours une fève : la tradition veut que le plus jeune enfant présent, caché sous la table, attribue à chacun une part de galette. De cette manière, le hasard fait très bien les choses pour désigner le roi du jour.

Fête de famille élargie

Armez-vous de courage, d'esprit de famille et, partant du principe vérifié que les enfants adorent que les gens qu'ils aiment s'aiment, faites une vraie considérable fête élargie...

Invitez sans lésiner l'oncle Paul dont parle votre neveu Simon (celui qui est de " l'autre côté "), faites pousser les branches de l'arbre généalogique jusqu'à les faire ployer sous les cousins, les oncles, les tantes, les rapportés des rapportés.

Ca donne des réunions magnifiques, on met des têtes sur des noms, mais ça peut aller très loin si vous invitez les parents de la jeune fille qui a épousé le frère de votre bru... et si celle-ci a trois frères.

Bon, nous vous laissons à vos comptes. Les bons comptes font les grandes familles (vieux proberbe irlandais).

Histoire du soir

C'est un alibi infernal au câlin. L'histoire ne doit pas dépasser dix minutes. Elle doit se terminer bien. Si vous avez deux enfants à endormir d'un seul coup, soyez vigilante. Un jour après avoir raconté l'histoire de la Princesse Chapounette qui s'était mariée, et avait eu beaucoup d'enfants, avec un prince bien sous tous rapports, un reproche masculin, et néanmoins virulent, peut vous être fait : "Dis-donc, hier soir, c'était déjà de l'amour, on pourrait pas un peu raconter les maîtres de l'univers ?"

Et puis, si votre imagination vous abandonne et que vous piochez dans la bibliothèque du gamin ou dans la vôtre, attention ! Lisez très scrupuleusement, ne changez pas le fringant destrier en cheval nerveux. Les petits savent par cœur leurs livres, mot à mot, et c'est une trahison insupportable de faire de la réécriture. Inventez ou soyez fidèle.

Bonne formule, s'il en est.

Histoires en cassettes

Il était une fois une grand-mère modernissime qui maîtrisait la technique comme un seul homme. Elle maniait le magnétophone avec dextérité afin d'enregistrer sur cassettes pour ses petits-enfants les plus belles histoires de tous les temps, les leurs.

Quel bonheur pour les marmots aux grandes oreilles d'entendre la voix de leur aïeule branchée sur la saga familiale avec *Le Petit Chaperon rouge* en édition originale, rien que pour eux. La voix du sang, mais c'est ça !

Et lorsque les petits-enfants habitent loin, c'est une façon délicieuse de communiquer. Cela n'empêche pas le dialogue, les destinataires peuvent répondre à leur tour par le même système.

Histoires vraies

Les histoires vraies restent les meilleures réussites des grands-parents. Les enfants sont toujours fascinés par l'enfance de leurs parents. Evidemment, ce sont les bêtises les plus appréciées. Cela fait des légendes colportées : " Raconte-moi encore quand Papa avait offert un pot à moutarde d'où sortait un ressort quand on l'ouvrait, et quand Maman avait cassé le thermomètre à mercure près d'une chaîne d'or pour voir si l'or fondait "

Creusez-vous la tête pour retrouver des détails précis sur leurs premiers cris, leurs premiers cadeaux, la plus belle fête. C'est ça le patrimoine !

Invitation du copain de cœur

Un jour, alors que, grand-mère, vous irez chercher votre petit-fils encore sans frère et sœur à l'école, il apostrophera un petit garçon :

Qu'est-ce que tu fais,
Est-ce que tu veux que je te fasse visiter
ma grand-mère ?

Et dans l'affirmative, avec la permission maternelle, vous partirez tous les trois " vous " visiter.

Et avec stupéfaction, vous entendrez votre histoire, répertorier les objets de votre maison avec commentaire, passer en revue vos insuffisances de sévérité, votre gourmandise naturelle. Tout fier de sa grand-mère, il la partagera avec son copain, y compris tous les souvenirs.

Inviter les amis ou l'ami de cœur de vos petits-enfants créera une complicité formidable et une connivence de plus.

Un jour, en traversant le Luxembourg, vous vous entendrez appelée " grand-mère ". Ce sera un petit-fils d'adoption. Grand bonheur !

Lettres des parents quand ils étaient petits

Œuvres plus précieuses que la Bible, vous avez certainement conservé quelques-unes (ou la totalité) des lettres que vous envoyaient vos enfants lorqu'ils étaient petits. Pensez à montrer à vos petits-enfants les chefs-d'œuvre littéraires de leur mère ou de leur père : ils en seront étonnés et amusés, vérifiant que leurs parents ont eu, eux aussi, une écriture d'enfant... Une révélation toujours étonnante. Ce sera pour vous une source d'attendrissement, d'où jailliront des souvenirs que vous raconterez, expliquant où se trouvait votre fille (ou votre fils) à ce moment-là.

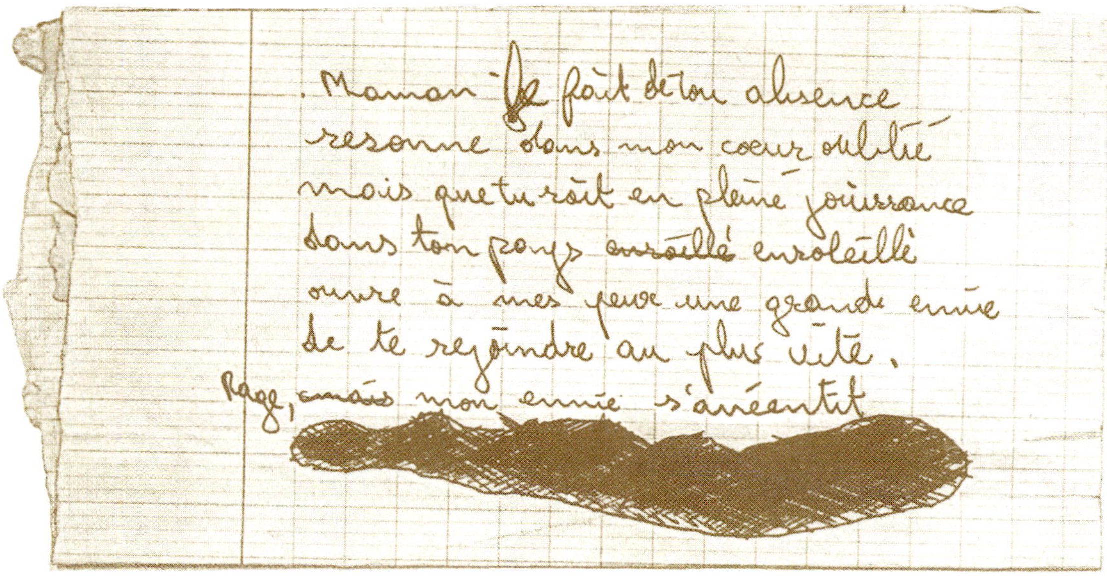
Maman le fait de ton absence
resonne dans mon coeur oublié
mais que tu soit en pleine jouissance
dans ton pays ~~ensoillé~~ ensoleillé
ouvre à mes yeux une grande envie
de te rejoindre au plus vite.
Rage, mais mon envie s'anéantit

Maladie

Maladie d'amour, maladie de la jeunesse...

On vous l'a confié, il " vous " fait une rougeole, un bobo vrai, une de ces petites maladies où il faudra l'occuper pour qu'il ne s'ennuie pas.

Si ce n'est pas trop grave, sachez que le premier soin est, s'il demande ses parents, de lui expliquer comment ils se comportaient dans la même situation, de vous remettre à apprendre la berceuse de Mozart... Mon bel ange va dormir...

De faire une provision de crayons de couleurs et de papiers divers.

De profiter de sa langueur pour user des câlins... Ô la vilaine grand-mère...

Et de mimer *Le Petit Chaperon rouge* : au lit c'est la position idéale !

Noms et surnoms

Nous arrivons trop tard pour vous conseiller le p'tit nom qu'ils susurreront à vos oreilles le restant de votre vie. Vous, ils vous appellent par votre prénom et vous détestez ça, vous auriez voulu un nom rien qu'à eux, mais les copains qui passent et dont vous détestez le " madame " emprunté peuvent vous appelez Mamy Bis ou Laleur (ce qui donne très vite La fleur !).

Rien de tel de jouer à trouver " un titre " pour faire fondre les timidités !

Œufs cachés

A Pâques, chacun sait que le jardin se remplit magiquement de dizaines d'œufs en chocolat : on les découvre perchés dans les arbres, cachés sous les feuilles, les pierres ou encore sous un banc...
Mais certains ignorent que ces œufs-là viennent également dans les maisons qui n'ont pas de jardin : dans les maisons, les œufs multiplient les cachettes. Ils apprécient les tiroirs et les placards, les boîtes et les vases et, quelquefois, les branches des plantes vertes.

Œufs peints

A Pâques, les œufs en chocolat se cachent parmi les plantes du jardin : mais une fois que cette chasse est terminée, peignez des œufs, des vrais. Percez un trou à chaque extrémité des œufs, avec une grosse aiguille à coudre. Le plus gros trou doit être percé au gros bout de chaque œuf. Soufflez dans le petit trou pour vider les œufs, lavez et séchez les coquilles, placez-les sur des coquetiers pour les peindre facilement. A la gouache et avec un pinceau fin, peignez les parties visibles et attendez que les dessins soient secs pour retourner les œufs.
Il est important de commencer toujours par les teintes les plus claires. Si vous le désirez, vous pouvez ensuite appliquer un vernis brillant.

Père Noël casse la croûte

Lui aussi c'est un ventre... Ne l'oubliez pas.
Si c'est chez vous que le Père Noël passe, vous devez, vos petits-enfants et vous-même, lui préparer un petit en-cas. La nuit de Noël est fraîche, il sera vraiment heureux de trouver, déposés sur le bord de la fenêtre ou sur le balcon, une bouteille thermos remplie de chocolat brûlant et des gâteaux fabriqués exprès pour lui. Et vous verrez, le lendemain matin... il n'aura rien laissé.

Photos

Que vous soyez ou non un photographe émérite, surtout pas de complexe - Cartier-Bresson n'a pas appris en un jour -, prenez le temps de réaliser de véritables albums. Ces objets magiques que sont les photos méritent mieux que de s'abîmer ou de se perdre dans les profondeurs d'une boîte à chaussures, flanquée au fond d'un placard ! Collez-les ensuite en utilisant une colle spéciale (dans les bonnes papeteries) qui ne laissera aucune marque disgracieuse. En ce qui concerne les albums, le choix est vaste mais ils sont souvents chers. Si vous ne pouvez pas en acheter, pensez aux albums à dessins, aquarelles ou croquis, qui font parfaitement l'affaire. Le plaisir est immense de choisir et mettre en page les plus jolies des photos : n'oubliez surtout pas de les dater précisément.
Si vous avez plusieurs petits-enfants, faites un album pour chacun d'eux. Ils les ouvriront encore et encore, pour se contempler avec ravissement dans toutes les étapes de leur développement. Nouveau-né, puis à quatre pattes, puis debout, etc. Et si vous avez fait de même pour celui de leurs parents qui était votre enfant, ils se jetteront sur ces albums avec une égale fascination. Soyez présente pour raconter " comment était Papa - ou Maman - petit... "

Photos aériennes

Vos petits-enfants aimeront beaucoup voir " vu d'en haut " leur endroit préféré : que ce soit leur ville ou leur village (ou les vôtres), ou le lieu de leurs vacances, les photos aériennes effectuées par l'Institut Géographique National le permettent. En effet, la France a été photographiée vue d'avion par l'IGN. Les tirages en noir et blanc sont de bonne qualité, et passionnants au point qu'on les scrute pendant des heures. Le jeu est de trouver le lieu familier exactement.

Photos avant un déménagement

L'époque est à la mobilité et il est devenu bien rare qu'un enfant passe toute son enfance dans le même appartement ou la même maison. Les déménagements sont monnaie courante aujourd'hui et, pour ne pas oublier les lieux familiers, il suffit de penser à les photographier, quelque temps avant le grand jour. Tâchez de n'oublier aucune pièce, et songez également aux escaliers, au hall d'entrée, à la façade, à la rue, ainsi qu'à l'éventuel jardin. Mettez vos photos dans un album, et datez-les. Plus tard, un enfant même très jeune à l'époque du déménagement " reconnaîtra " son ancienne maison. Quant aux enfants plus âgés, ils se consoleront de leur nostalgie en feuilletant cette saga immobilière en images, que vous aurez rangée dans un beau cahier.

Photos de bébé

Qu'il garde le panorama de son enfance à portée de la main... Dès un an, un enfant sera enchanté d'avoir un album contenant les photos des gens qui comptent pour lui : dans un petit album plastifié, vous glisserez votre photo (bien sûr !), celles de ses parents, de ses frères et sœurs, cousins, cousines et autres collatéraux d'importance. Et pourquoi pas, une photo d'un chien ou d'un chat aimés, ainsi que celle de son " truc " favori, cet objet-jouet-chiffon-ours et autres singes, qui lui est indispensable. Il passera beaucoup de temps à feuilleter son album, et plus tard apprendra à nommer chacun et chacune. Une excellente manière de ne pas perdre le contact avec ceux qu'il aime. Placez évidemment aussi une photo de lui dans l'album...

Point de croix

Ces canevas sont les âmes des familles, encadrées dans les chambres des siècles durant. De la toile, des fils de couleur, il n'en faut pas davantage pour réaliser des chefs-d'œuvre au point de croix. A condition d'avoir la patience de voir avancer, très lentement, le travail entrepris... A condition d'avoir cette passion de jouer avec les couleurs, de jongler avec les motifs et les lettres. Alors, plus aucun moment "en creux" ne le restera : la broderie est un art du plaisir, celui des yeux, des mains. Elle enseigne même la sérénité. Toutes les occasions familiales sont bonnes pour prévoir (à temps !) un cadeau véritablement fait maison.

Vous trouverez de la toile - les plus belles et agréables à travailler sont en pur coton ou en lin - et des cotons à broder dans les merceries et les grands magasins. Pour les motifs (abécédaires, fleurs, dessins, etc...), vous vous inspirerez des modèles proposés dans les livres consacrés au point de croix, ou vous achèterez des " kits " à points comptés : le diagramme, la toile et les cotons n'attendent plus que vous pour se transformer en œuvre d'art. De nombreuses boutiques spécialisées se sont ouvertes dans la plupart des grandes villes, mais on trouve des kits et des modèles dans toutes les merceries.

Livres : ceux de Régine Desforges et Geneviève Dormann (éditions Albin Michel) sont magnifiques, ainsi que le *Livre des abécédaires* édité par *Modes et Travaux*, qui publie régulièrement des modèles.

Et vous surtout imaginez, rêvez ce que vos arrière-arrière-arrière-petits-enfants auront envie de lire sur la famille en brodé main !

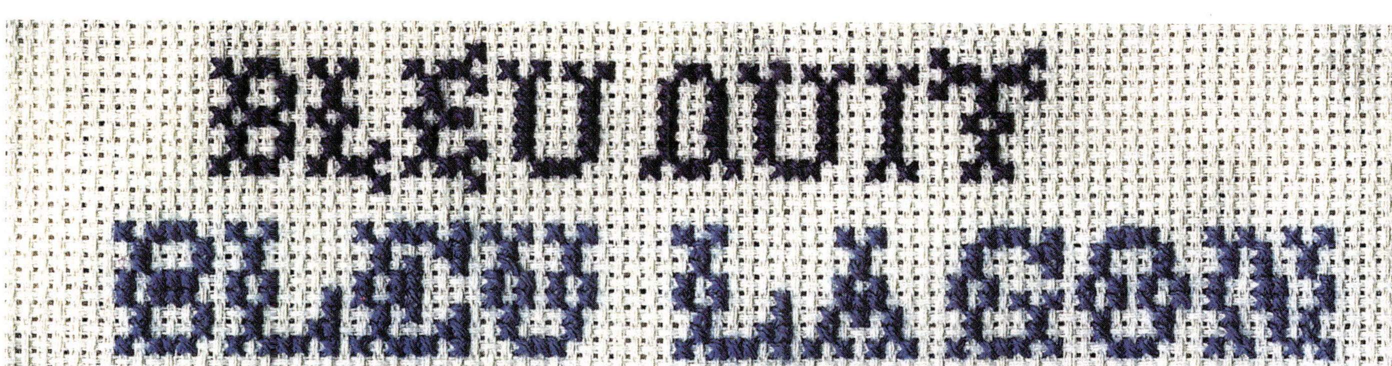

Premier avril

On sait que les " poissons d'avril " refleurissent chaque année, en particulier dans les médias où les gags succèdent aux fausses nouvelles ; du coup, les adultes oublient de se méfier des jeunes farceurs qui adorent leur coller dans le dos des poissons de papier du bel effet. La coutume est plus vivace qu'on ne le croit. Rien ne vous interdit d'aider vos petits-enfants au découpage de ces poissons qui savent ridiculiser les silhouettes les plus austères. A vos risques et périls, bien que vous n'ayez rien d'austère, nous n'en doutons pas. Et si vous êtes prise, rappelez-vous que les poissons d'avril auraient pour origine le jour de fermeture de la pêche (un 1er avril, comme c'est bizarre !) : pour se moquer des pêcheurs furieux ou dépités, on leur envoyait des harengs.

Ressemblances

Sortez les photos des aïeux des aïeux et faites deviner les ascendances, la parenté. Qui est le grand-père de ma mère ? La cousine de Strasbourg était-elle du côté de ton grand-père ou du mien ? Cela aide délicieusement et c'est tout à fait émouvant de retrouver les traits et les attitudes des ancêtres.

Saint Valentin

Et pourquoi ne serait-on pas amoureux de sa grand-mère ? Pardon monsieur Freud !
Cette fête a lieu le 14 février, et ne concerne que les amoureux… sans limite d'âge. Ce peut être pour les enfants une occasion d'envoyer une lettre ou un dessin à leurs parents, ou à n'importe quel couple de leur connaissance. Malgré l'aspect un peu désuet de cette fête, l'expérience prouve qu'être ainsi fêté fait toujours extrêmement plaisir. Et on trouve facilement de jolies cartes postales anciennes, à envoyer aux heureux tourtereaux reconnus comme tels.

Sapins de Noël

Les amoureux de la nature regrettent ce sacrifice annuel de milliers d'arbres. Si vous aimez également la nature et les arbres de Noël, achetez-en un encore pourvu de sa motte (vérifiez soigneusement l'état des racines), et placez-le dans un grand pot rempli d'un bon terreau.
Arrosez légèrement, vaporisez souvent le feuillage, avant de le décorer.
Après les fêtes, vous le planterez en pleine terre dans votre jardin, ou dans un jardin ami.
Il reprendra vie, et une longue vie.

Souris

Les enfants sont fiers et meurtris à la fois de perdre leurs dents de lait. Heureusement, la petite souris est là, fidèle au poste. Elle consolera les petits édentés, qui savent qu'elle vient pendant leur sommeil déposer sous leur oreiller un cadeau ou une pièce de monnaie.
Ce qui est agréable avec cette souris-là, c'est qu'elle vient toujours et partout, même chez vous, si c'est là que la dent a été perdue. Une dent que l'on mettra dans une enveloppe, pour que l'enfant la rapporte chez ses parents.

Sur les genoux

Pour caracoler :

A cheval gendarme
A pied Bourguignon
Allons en campagne
Tous les autres y sont
Au pas
Au trot
Au galop
Au galop

Au galop et on joint le geste à la parole jusqu'à épuisement.

Pour s'habiller :

Prêchi prêcha
Une chemise entre mes bras
Mon p'tit chapeau sur mes cheveux
Je vous salue monsieur

Et de joindre le geste à la parole.

Pour sacrifier à la tradition :

Ainsi font font font les petites marionnettes
Ainsi font font font trois p'tits tours et puis s'en vont

Tableau des générations

Vous qui détenez les archives de la famille, aidez votre petit-enfant à fabriquer le tableau des générations. Remontez le plus loin possible dans les aïeux, trouvez des photos de chaque génération au même âge et faites un tableau comparatif...

Collez sur du papier à dessin de couleur. Chaque portrait peut être légendé avec une bonne histoire. Cela permet de raconter et de construire.

Taille des enfants

Conservez ces témoins de la croissance, tellement délicieux pour eux.

Derrière une porte, dans un couloir ou dans un placard, pensez à mesurez la taille de vos petits-enfants. Peu importe l'endroit dans lequel vous inscrirez ces marques : ce qui compte pour eux, c'est de se contempler à 2, 7 ou 10 ans. Ils se prêteront volontiers à ce jeu si vous ne vous amusez pas à les mesurer tous les deux mois ! Une fois par an semble largement suffisant, et en un an, ils ont le temps d'en faire, du chemin...

JEUX DE CUISINE

Bonbons pièces d'or

Y'en a qui font fortune pour moins que ça…
L'alchimiste que vous êtes fabriquera ces pièces d'or dans le secret de sa cuisine : faites fondre à feu doux 3 cuillères à café de gelée de coings, avec une cuillerée d'eau. Ajoutez trois cuillères à café de sucre en poudre, laissez cuire pendant 20 mn environ, en remuant lentement. Sur une assiette beurrée, laissez tomber de petites pastilles, qui s'aplatiront en refroidissant.
Vous pouvez également utiliser de la gelée de groseilles. C'est Dracula qui sera content !

Châtaignes

Après un été long et chaud, les châtaignes sont délicieuses. A ne pas confondre avec les fruits du marronnier d'Inde, non comestibles, et de surcroît toxiques. Mais celles que l'on ramasse en forêt sont souvent fades. Il vaut mieux les acheter au marché, où elles sont vendues dès la mi-septembre. Sachez que vous pourrez les conserver jusqu'au mois de mai en les plaçant dans des caisses de bois : disposez alternativement une couche de sable très sec, une couche de châtaignes, etc, en terminant pas une couche de sable avant de fermer soigneusement les caisses.

Pour les consommer grillées, fendez leur écorce avant de les faire cuire dans une poêle spéciale (donc trouée), ou dans un diable en terre réfractaire.

Si vous préférez les châtaignes bouillies, voici une excellente méthode pour les débarrasser sans peine de leur peau : après avoir retiré leur écorce, plongez-les dans un faitout rempli d'eau bouillante, couvrez et maintenez l'ébullition pendant 15 mn. Avec une cuillère en bois, remuez les châtaignes : leur peau se détachera très facilement. Rincez-les à l'eau froide.
Vous pouvez faire cuire les châtaignes dans du lait, elles n'en seront que plus tendres et savoureuses.

Pour les préparer en purée, faites-les cuire à l'eau comme indiqué ci-dessus, puis passez-les au moulin à légumes avec du lait bouillant. Ensuite, dans une casserole et à feu doux, mélangez cette purée avec du beurre, du sel et un peu de poivre.
Et vous grand-mère, évitez de vous en gaver, c'est du béton !

Clafoutis

Enfantin et délicieux, ce clafoutis se fait comme la pâte du far breton.

6 œufs
1 litre de lait entier frais
150 g de farine
1 gousse de vanille
400 g de sucre
750 g de fruits

Battez tous les ingrédients et versez le lait qui aura bouilli avec une gousse de vanille fendue en deux dans le sens de la longueur. Posez dans un plat en terre, les cerises dénoyautées ou non - il y a deux écoles, les paresseux prétendant que les noyaux donnent du goût.. je n'en crois rien - des abricots coupés en deux ou quelques autres poires, pommes ou raisins. Cuisez à feu doux, entre trois quarts d'heure et une heure.

Confiture des trois fruits d'hiver

Parfum assuré dans les maisons tièdes et grises de l'hiver, cette triple marmelade se fabrique avec des apprentis cuistots minutieux et patients.

1 orange, 1 pamplemousse, 1 citron (de préférence non traités)
800 g de sucre
8 verres à moutarde d'eau

Pelez les fruits très fin, gardez les zestes, arrachez les peaux blanches pour que les fruits soient " à vif ", coupez les 3 agrumes en petits morceaux et les zestes très fin au hachoir, ajoutez les verres d'eau. Faites bouillir le tout 50 mn dans une bassine d'émail si votre propre grand-mère ne vous a pas laissé sa bassine en cuivre ! Ajoutez le sucre et réduire 35 à 45 mn après avoir remué. Mettez en pot à la louche, fermez à chaud à la cellophane.
Les enfants adorent offrir leur œuvre culinaire à leurs parents, avec même des dédicaces sur les étiquettes des pots !

Crêpes

La fabrication des crêpes est une fête (voir Chandeleur) à étapes : la fabrication d'abord, la cuisson et le " sautage " ensuite avec une pièce de monnaie dans la main pour être riche toute l'année, la dégustation enfin qui peut se goûter de mille façons, avec de la confiture, du sucre en poudre, du miel, du chocolat fondu et même avec du jambon ou un œuf.
Il faut de préférence préparer la pâte 2 h à l'avance mais voici un grand secret : personne ne patiente et voit-on vraiment la différence ? Pas si sûr !

4 œufs entiers
1/2 l de lait
250 g de farine
1 cuillère à soupe d'huile
1 cuillère à café lourde de fleur d'oranger ou un sachet de sucre vanillé

Faire une fontaine de farine dans une terrine assez haute avec les œufs entiers au milieu, fouettez vigoureusement, ajoutez progressivement le lait et, au dernier moment, la cuillère d'huile et le parfum choisi. Puis laissez reposer... si vous en avez le courage !
Ensuite, dans un bol, mettez un peu d'huile. Entortillez un chiffon blanc (propre, vous vous en doutez) autour d'un morceau de bois, trempez-le dans l'huile, passez votre poêle à crêpe avec. Mettez à la louche un peu de pâte sur le feu moyen et quand la pâte prend, sautez !
Les poêles à revêtement anti-adhésif s'imposent. Ensuite, entassez les œuvres sur une assiette dans un four tiède ouvert.
Les enfants peuvent s'occuper de tout ça très bien à condition que vous ne soyez pas une maniaque et que vous exerciez une surveillance bienveillante !
Il y a là de quoi remplir un après-midi gris en évitant les repas, les crêpes sont " calatoires " et même vous aurez peut-être le loisir de soigner des indigestions. A bon entendeur...

Crumble aux pommes

Voilà de quoi avoir envie de s'installer en Grande-Bretagne : ce gâteau croquant, craquant vous fera craquer en le croquant.

Pour 4 personnes :
150 g de farine
150 g de beurre ou de margarine
150 g de cassonade
100 g de sucre
1 kg de pommes reinettes
1/2 cuillère à café de cannelle

Au-delà de 4 convives, nous vous conseillons de doubler ces proportions, le crumble étant le genre de dessert qui " se mange sans faim ".
Pelez et évidez les pommes, coupez en tranches épaisses, faites-les cuire à feu moyen 10 mn environ dans une grande casserole couverte. Pendant ce temps, préparez la pâte en mélangeant le beurre mou et la cassonade, puis ajoutez la farine en bloc. Travaillez cette pâte du bout des doigts jusqu'à obtenir une consistance sableuse.
Lorsque les pommes sont cuites, ajoutez le sucre et la cannelle, sans chercher à réduire les pommes en compote lisse. Beurrez un plat à gratin, versez les fruits, émiettez la pâte sur toute leur surface. Faire cuire de 15 à 20 mn à four thermostat 6/7. Servez ce plat exquis avec de la crème fraîche, pour les gourmands impénitents.

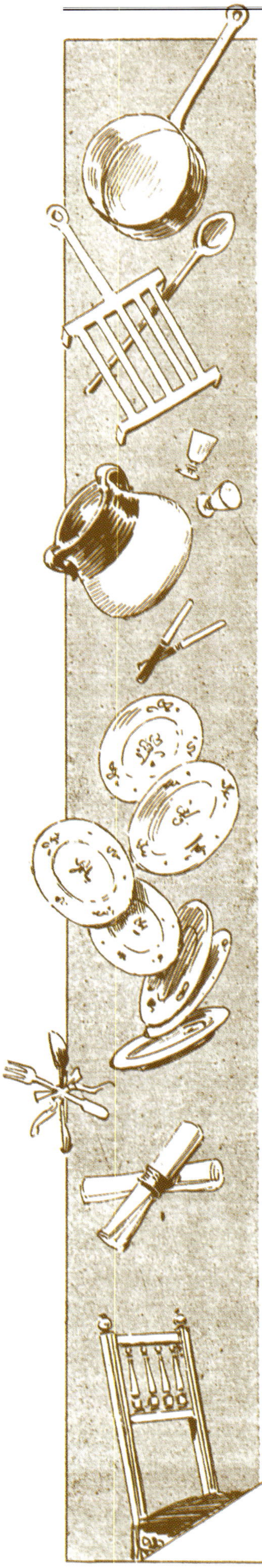

Dînette

Les poupées et les ours ont faim, soit. Mais les “ parents ” aussi : lorsqu'ils en auront assez de faire semblant de nourrir leur progéniture, proposez-leur de véritables nourritures terrestres, susceptibles de garnir convenablement la vaisselle et la dînette. Vous couperez de minuscules morceaux de fromage, de jambon et de fruits, sans oublier les indispensables petits gâteaux apéritifs. Vous pouvez aussi (si vous êtes très dévouée, et vous l'êtes !), confectionner de mini-sandwiches, de mini-croque-monsieur... et tout ce qui vous viendra à l'esprit, en version “ modèle réduit ”. Votre dévouement vaut bien le succès que vous remporterez...

Diplomate de Nane

En hommage à la plus merveilleuse des grands-mères, à l'amie la plus sûre, à la cuisinière la plus subtile, ce gâteau qui était le plus simple de ses chefs-d'œuvre a l'avantage de ne pas cuire.

125 g de beurre
125 g de sucre en poudre
125 g de chocolat fondu (on en trouve maintenant de délicieux)
125 g de biscuits à la cuillère
2 jaunes d'œufs

Incorporez le chocolat fondu avec le sucre et le beurre mou, ayant fait d'avance tremper les biscuits dans un peu d'eau et de fleur d'oranger. Pressez-les très fort afin qu'il ne reste plus d'eau. Mélangez le tout avec les deux jaunes d'œufs. Versez dans un moule à charlotte et laissez prendre dans le réfrigérateur. A faire de préférence la veille.

Flan

C'est une recette très proche de celle des œufs au lait (voir p. 109), la différence, mais elle est essentielle, il vous faudra 8 œufs au lieu de 6.

Flan-mousse aux pommes

Léger comme un soufflé. Si vous n'êtes pas la reine des pommes, gardez-le pour votre régime choc.

Délayez 60 g de farine avec 3 œufs entiers et 1/2 l de lait. Ajoutez 75 g de sucre en poudre et un sachet de sucre vanillé.

Versez ce mélange dans un plat beurré, parsemez-le de trois pommes reinettes coupées en tranches presque transparentes.

Laissez cuire à feu doux pendant une demi-heure.

Vos petits-enfants deviendront vos diététiciens de service.

Foie à la juive

C'est un pâté digne d'un professionnel.
Et lorsqu'ils le rapporteront à leurs parents, ils feront un succès terrible.

Achetez 250 g de foies de volaille, un gros oignon et un œuf.

Faites revenir les foies dans très peu de beurre et hachez-les. Hachez également l'oignon menu et faites durcir l'œuf. Mélangez le tout, mettez-le dans une petite terrine, placez dans un réfrigérateur. Consommez rapidement.
Quelle belle œuvre !

Gâteau de chocolat

C'est un mythe ! Les moustaches de chocolat, les doigts sucés avec volupté , " le travail " en commun, la rapidité d'exécution, donc... de consommation, restent évidemment le bonheur complet de la préparation d'anniversaire ! Mais qui a prononcé le mot diététique ? Personne !

200 g de beurre
200 g de chocolat amer
175 g de sucre en poudre
4 œufs
2 cuillères à soupe enfaîtées de farine tamisée
Pour le glaçage,
50 g de chocolat, 25 g de beurre

Faites fondre au bain-marie le beurre et le chocolat. Pendant qu'un enfant fouette les 4 jaunes d'œufs avec le sucre et la farine, un autre bat les blancs en neige tandis qu'un troisième beurre un moule à manqué qu'il farine légèrement en en mettant plein la cuisine...
Le four chauffera à feu fort pendant qu'on mélangera suavement les trois préparations.
Coulez dans le plat qu'on enfournera à feu moyen 20 mn.
Démoulez à chaud, glacez avec le chocolat et le beurre fondu ou saupoudrez de sucre glace ou de copeaux de chocolat. L'extase !

Gaufres

Peut-être allez-vous même vous établir marchande dans un parc d'attractions tant le succès est fou.

Pour 6 personnes :
550 g de farine
150 g de beurre
4 œufs
1 litre de lait
sel
20 g de levure de boulanger
parfum (vanille ou zeste de citron)
Sans oublier l'indispensable gaufrier.

Avec la farine, faites une fontaine dans une grande terrine, cassez-y les œufs entiers, puis le beurre fondu (froid), le sel, la levure délayée dans environ 20 cl de lait tiède, et le parfum. Travaillez au fouet en versant petit à petit du lait froid, jusqu'à ce que la pâte ressemble à une pâte à crêpes assez épaisse. Laissez reposer le tout pendant une heure. Faites cuire chaque gaufre de 3 à 5 mn ; saupoudrez-les de sucre glace.

Glaçons parfumés

Evitant ainsi les courses au sorbet, faites vous-même des glaçons à la fraise, à l'orange ou au citron, à la pomme ou au pamplemousse : remplissez des bacs à glaçons d'eau aromatisée au sirop choisi par chaque gourmand. Les jus de fruits n'en seront que meilleurs. Soyez vigilante : les glaçons ne sont pas des bonbons, il ne faut surtout pas les avaler tout ronds... ou de travers.

Madeleines

Même s'ils ne s'appellent pas tous Marcel, ils s'en souviendront un jour.

Pour douze madeleines, mélangez longuement au fouet à main 125 g de sucre en poudre et 4 œufs entiers. Ajoutez 125 g de farine et 125 g de beurre fondu, ainsi que quelques gouttes d'eau de fleur d'oranger. Remplissez des moules spéciaux, largement beurrés, avec la pâte. Faites cuire à feu très doux, en surveillant la cuisson.

Et le thé... léger, léger, et le souvenir qui n'est pas du temps perdu !

Mandarines miroir

Epluchez des petites mandarines ou clémentines à peau fine en enlevant soigneusement le blanc qui colle à la peau, mettez-les sur un plat en papier d'argent qu'on trouve chez les quincailliers et qu'on jette (pas les quincailliers, les plats !). Vous aurez fait faire aux petits un caramel, eau et sucre (pas trop foncé), que vous jetez sur les fruits. Il prend très vite. Attendez qu'il refroidisse et croquez les fruits, avec le jus qui coule dans la bouche. Volupté suprême.

Mousse au chocolat

Il y a deux écoles pour la mousse au chocolat comme pour d'autres bricoles, évidemment. La bonne et la mauvaise...

La bonne, autant dire la meilleure reste lourde à digérer même si elle est divine à déguster. C'est pourtant elle que nous livrons à votre gourmandise.

250 g de chocolat
250 g de beurre
150 g de sucre en poudre
8 œufs

Faites fondre le beurre et le chocolat au bain-marie.

Battez les blancs d'œufs en neige, le sucre et le jaune pour faire une pâte fluide et mélangez le tout très très très doucement en soulevant la mixture dans une jolie jatte transparente.

Placez-la dans le réfrigérateur ou mieux dans le congélateur quelque 2 heures, ce qui la rend moins écœurante... et permet d'en manger plus ! Au secours !

Œufs

A Pâques ou à la Trinité et chaque jour de l'année. Le bel œuf à la forme parfaite bon à toucher peut prendre toutes les apparences.
Surprises des couleurs, trouvaille, gourmandise, ils vont avec tout !
Le plus souvent, les enfants les adorent, cuisinés à toutes les sauces. Mais ils les aiment aussi pour leur forme, leurs couleurs, leur texture, et les histoires que vous leur raconterez. Par exemple, les humains consomment chaque année environ 200 milliards d'œufs. Surtout de poule, mais aussi de caille (au second rang de cette consommation), d'oie et même d'autruche. Ce dernier est le plus gros de tous les œufs, puiqu'il peut peser 1,5 kg ou davantage. Il suffit à régaler douze personnes...
Tous les œufs d'oiseaux sont comestibles. Les œufs frais pondus peuvent se conserver deux à trois mois, si vous les roulez dans du papier journal avant de les entreposer dans votre cave. Vous pouvez également les conserver dans une caisse remplie de sciure. Un truc pour connaître la fraîcheur d'un œuf : trempez-le dans l'eau salée. S'il tombe au fond de l'eau, il est frais. S'il reste " entre deux eaux ", il est encore bon à consommer, mais vous le jetterez s'il flotte à la surface...

Œufs à la neige

La patience et l'attention restent les qualités fondamentales pour réussir ce dessert-là. Il a présidé à toutes les enfances, la vôtre, la leur ; on l'appelle aussi île flottante. Douceur...

1 l de lait
8 œufs
2 cuillères rases de sucre par œuf
vanille en gousses, de préférence.

Faites bouillir le lait et la vanille dans une casserole, d'autre part tournez dans une jatte très longtemps les jaunes avec le sucre.
Commencez par mettre un peu de lait froid, puis le lait bouillant tout en tournant le tout hors du feu.
Remettez dans la casserole sur feu très doux.
Surtout ne laissez pas bouillir.
Lorsque la crème est suffisamment épaisse, enlevez du feu mais continuez à tourner un petit moment. Les blancs battus en neige sont cuits à feu tout doux, tout doux dans du lait chaud sucré jusqu'à ce qu'ils deviennent durs, égouttez-les et au dernier moment vous pouvez les couvrir de cacao ou de caramel.

Œufs au lait

Allumez le four thermostat 6. Faites bouillir 1 l de lait avec six cuillères à soupe de sucre en poudre, une gousse de vanille ou deux sachets de sucre vanillé. Battez 6 œufs en omelette.
Lorsque le lait a bouilli, éteignez le feu et ajoutez les œufs petit à petit en fouettant sans cesse.
Dans un moule beurré, versez ce mélange et faites cuire au bain-marie pendant 20 mn.

Œufs au plat... en trompe-l'œil

Ce plat digne d'entrer dans la vaste famille des farces et attrapes est très facile à préparer, par les enfants eux-mêmes. Mais, avant qu'ils n'utilisent cette recette pour amuser leurs amis ou leurs parents, faites-leur d'abord la surprise : sur une assiette, étalez une couche mince et plate de fromage blanc battu, puis déposez dessus deux moitiés d'oreillons d'abricots au sirop. Succès garanti...

Pain

Laissez-nous fabriquer notre pain quotidien...
L'idéal est d'aller ramasser quelques épis de blé, de les décortiquer avant de les écraser pour obtenir de la farine. En été, vous en aurez certainement le temps, pour montrer aux enfants " d'où vient la farine "... et comment on fait le pain. Mais rien n'interdit d'utiliser de la farine toute prête, pour avoir davantage de pain : malaxez soigneusement 200 g de farine avec un demi-verre d'eau, quatre pincées de levure de boulanger, une petite pincée de sel. Façonnez la pâte en boule, laissez lever à l'abri d'un torchon pendant trois heures. Faites cuire le pain à four moyen.

Pain perdu

Oubliez que c'est un dessert de guerre, il demeure tout à fait délicieux. Faites tremper pendant 15 mn environ des tranches de pain rassis dans le mélange suivant : 1/4 de l de lait, 3 œufs battus, 2 cuillères à soupe de sucre en poudre. Utilisez un plat à gratin pour que le pain s'imbibe bien. Dans une poêle, faites fondre du beurre, puis cuire les tranches de pain des deux côtés, pendant 3 à 4 mn environ, jusqu'à ce qu'elles soient bien dorées. Servez chaud, nature avec du sucre, du miel ou de la confiture, ou de la cannelle comme en Alsace.

Pains farcis

Pour changer des Paris-beurre, voici des farces qui se tartinent sur de la baguette, du pain au levain ou même des pains au lait.

Farce au roquefort : mixez 250 g de beurre, 200 g de roquefort et 150 g de noix (cassées grossièrement). Ajoutez un peu de sel si nécessaire.

Farce au thon : mixez une boîte de thon au naturel, un jaune d'œuf dur, une échalotte, une cuillère à café de câpres, 1/2 cuillère à café de moutarde, une cuillère à café de ketchup (facultatif) et du persil.

Farce au concombre : mixez un concombre coupé en tranches (préalablement dégorgé au gros sel, et épépiné), un chèvre frais, deux petits-suisses, le jus d'un demi-citron, de la ciboulette et une demi-gousse d'ail.

Farce à la provençale : mixez quelques olives noires dénoyautées, deux filets d'anchois, un fromage frais à l'ail et aux fines herbes, trois petits-suisses, un soupçon d'huile d'olive, une cuillère à café de moutarde, des herbes fraîches et le jus d'un demi-citron.

Plantes aromatiques séchées

Rien de tel qu'une infusion de menthe pour se requinquer, car elle est tonifiante, et non pas calmante comme on le croit souvent. Cueillie au jardin ou au cours d'une promenade en forêt, vous pourrez en faire provision si vous la faites sécher. En prévision des mois d'hiver, vous préparerez de la même manière toutes les herbes aromatiques que vous aurez cueillies. La déshydratation au four est très pratique : faites chauffer le four à une température de 45 à 55°, en laissant la porte ouverte. Lavez feuilles et plantes, enveloppez-les dans une mousseline que vous plongerez une minute dans de l'eau bouillante.

Essuyez-les délicatement, étalez-les sur la grille du four, puis mettez-les au chaud (toujours porte ouverte) pendant environ une heure jusqu'à ce qu'elles deviennent cassantes. Si vous voulez garder les feuilles entières, repassez-les au rouleau à patisserie. Pour les broyer, écrasez-les entre vos mains avant de les tamiser.
Il ne vous restera qu'à entreposer les plantes dans des bocaux hermétiques (les bocaux à confiture sont parfaits) que vous étiquetterez avant de les ranger dans un endroit sombre, placard ou cave. L'obscurité préserve en effet l'arôme et les couleurs des plantes... mais pour un an seulement.

Potiron en potage

Lorsque le carosse se rechange en citrouille, qu'en faire ?
Epluchez et ôtez les pépins d'un quartier de citrouille d'un kilo. Coupez-le en morceaux, faites cuire (avec un peu d'eau) jusqu'à obtenir une sorte de marmelade. Ajoutez alors 50 g de beurre, du sel, du poivre, un décilitre de lait bouillant et un morceau de sucre. Donnez un bouillon, pas davantage, et servez avec des croûtons de pain. Le prince charmant ne pourra qu'adorer ça.

Quatre-quarts

Le plus simple et le plus traditionnel des gâteaux pour enfants. Il se mange avec de la crème anglaise ou de la marmelade d'abricots avec autant de plaisir.
Comme son nom l'indique, il se confectionne avec 4 œufs, leur poids de farine, de sucre et de beurre fondu, le tout mélangé avec les blancs en neige au dernier moment ; il se parfume à la vanille ou plus subtilement à la fleur d'oranger.
Le moule à manqué beurré, fariné, accueille le mélange qui cuit à feu moyen (4 ou 5 au thermostat), 3/4 h environ; le couteau doit sortir indemne du test de cuisson. Vous pouvez y mettre de la levure si vous aimez les gâteaux épais... Nous pas.

Roulé

Le gâteau le plus simple et le plus magnifique à décorer. Il fait des bûches de Noël épatantes et moins grasses que celles à la crème au beurre. Il se garnit indifféremment à la confiture rouge, groseille en gelée ou framboise, ou au chocolat fondu.

4 œufs et leur poids de sucre, moins une cuillère à soupe (mystère des recettes familiales), le poids de 2 œufs de farine.

Séparez les blancs d'œufs des jaunes, mélangez les jaunes avec le sucre et la farine en battant fort. Rajoutez les blancs battus en neige. Remuez le tout délicatement. Etalez dans un moule à roulé (carré et assez plat), garni de papier sulfurisé beurré. Faites cuire un quart d'heure à four moyen. Démoulez à chaud dans un torchon couvert de sucre cristallisé, garnissez le gâteau couvert de confiture ou de chocolat fondu. Roulez vite dans le torchon. Et attendez que ça refroidisse, si vous êtes héroïques.

Sirop de violettes

Soyez impériale et cuisinez vous-même à Toulouse ou ailleurs.
Achetez 500 g de fleurs de violette cultivée, jetez-les dans un 1,5 l d'eau bouillante, laissez infuser dans un récipient hermétiquement clos, pendant au moins 12 heures. Passez cette infusion dans un linge très fin, une étamine de préférence.
A 1 kg de cette infusion, ajoutez (très précisément) 1,875 kg de sucre, faites fondre le tout au bain-marie. Après complet refroidissement, mettre le sirop en bouteilles, que vous garderez dans un endroit sec, à l'abri de la lumière.
On peut inventer, pourquoi pas, que ce sirop de violettes est capable de " guérir " les timides.

Spaghettis " al dente "

Les spaghettis sont-ils cuits, ou pas encore ? Pour vous faire pardonner d'offrir une fois de plus des pâtes au menu, jurez qu'il y aura des frites la prochaine fois, et attrapez un spaghetti avec une fourchette. Avec deux doigts, jetez-le négligemment sur un mur de la cuisine : s'il y reste collé, tout le monde à table ! S'il tombe, on attend encore un peu, et on recommence... ou plutôt les enfants recommencent sans se faire prier.

Truffes faciles

Celles-ci sont plus moelleuses que celles des meilleurs confiseurs.

Pour 25 truffes environ, faites fondre 250 g de chocolat noir coupé en petits morceaux dans un peu d'eau. Ajoutez 40 g de beurre ramolli (non fondu), 20 cl de crème fraîche et 20 g de sucre glace.

Mélangez avec soin. Laissez tiédir avant de placer ce mélange dans le réfrigérateur. Lorsqu'il est devenu très ferme, formez les truffes rapidement, puis placez-les une à une dans un verre à demi rempli de cacao en poudre. Secouez le verre pour enrober les truffes de cacao ; conservez-les au frais.

JEUX DE PLAGE

Bains de minuit

Oh ! oui un p'tit coup d'interdit même si de minuit, ces bains n'auront que le nom, à moins que vous ne soyez sous une latitude qui autorise à se baigner aussi tard dans la nuit ! Après 21 h ou 21 h 30, les soirées deviennent un peu trop fraîches... Autrement dit, un " bain de minuit " pris vers 19 h ou 20 h sera l'idéal pour de jeunes enfants. Après une journée très chaude, on dîne légèrement avant de se précipiter à nouveau sur la plage devenue quasiment déserte. La lumière est étonnante, le soleil commence à plonger dans la mer, à l'horizon.
On nage alors dans une eau orange et rouge, pour aller rattraper le soleil qui s'enfuit. Quelquefois, l'eau paraît phosphorescente quand on s'éclabousse... C'est un instant superbe, étonnant. Ensuite, enroulé dans sa serviette, on commence à compter les premières étoiles, avant de rentrer à la maison. Et de " remanger un petit morceau ", parce que les bains de minuit, ça creuse ! Comme le péché, ma bonne dame.

Bois flottants

Ce sont les plus belles sculptures du monde...
Les morceaux de bois échoués sur la plage sont souvent magnifiques. Poncés par les vagues et les galets, ils sont parfaitements lisses, et parfois les veines délicates du bois sont apparentes. Certains ont des formes évoquant des oiseaux, ou des animaux préhistoriques... D'autres sont ronds comme la lune, ou tourmentés comme les tempêtes. Les enfants aimeront les emporter chez eux : faites sécher ces trésors marins au soleil ou dans une pièce chaude de la maison, pendant plusieurs jours.
Mais ne commettez pas l'erreur de les vernir ou de les cirer. Ces bois salés n'ont pas besoin de traitement particulier. Il faut les laisser à l'état brut. Comme les mamies.

Bouée géante

Mettez une minute trente votre sens de l'esthétique au vestiaire. Nous sommes d'accord : une chambre à air de pneu de camion transformée en bouée géante, c'est plutôt encombrant. Et vraiment pas très beau. Mais c'est si drôle ! Et si vous avez ce regret, géant lui aussi, de ne vous être jamais amusée avec ces bouées à la circonférence étonnante, faites un gros effort pour vos petits-enfants : trouvez-en une. Ils apprécieront tellement ce cadeau, que vous pourrez peut-être les rejoindre subrepticement dans l'eau pour - enfin ! - goûter aux délices de cette grosse bouée de caoutchouc noir...

Bouteille à la mer

Pour rêver et imiter les personnages des romans d'aventures, rien ne vaut une bouteille à la mer... Une petite bouteille, de verre évidemment. Elle sera plus fragile qu'une bouteille de plastique, mais beaucoup plus " écologique ", si par mégarde, elle se brisait ! Chacun écrit le message de son choix, en racontant une histoire, ou en décrivant ses goûts et ses espoirs, sans oublier ses nom et adresse ainsi que la date de " l'envoi ". Ensuite on roule le morceau de papier et on le glisse dans la bouteille, que l'on ferme - le plus hermétiquement possible - avec un bouchon de liège. Puis on attend. Parfois, ça marche...

Cailloux brillants

Ces petits cailloux et galets ramassés sur la plage apparaissent d'autant plus beaux qu'ils sont humides. Mais une fois secs, ils perdent une partie de leurs couleurs ou de leur éclat... Pour éviter cela, il suffit de les recouvrir d'une fine couche de vernis brillant. Et pour toujours, ils seront " comme neufs ".

Châteaux de sable

Le bonheur n'est pas dans le pré, contrairement à ce qu'on dit - vive le sable où construire des châteaux fait la joie des enfants et des adultes qui savent encore jouer ; et tant pis si l'œuvre est vouée à la destruction, par les vagues, le vent, ou les piétinements. Demain est un autre jour. Vous avez besoin de vos mains, de pelles grandes et petites, de morceaux de bois plats (pour le fignolage), et d'éléments de décoration glanés sur la plage : algues, coquillages, galets, petits cailloux, etc. Lorsque la mer monte, il faut se dépêcher de préparer le " château du Moyen-Age " : un superbe monticule tout pointu, ou plus travaillé, avec chemin de ronde, machicoulis et meurtrières. Tout autour on creuse les douves, qui se rempliront d'eau avec la marée.
Dans le style " gothique flamboyant ", car il ne faut reculer devant rien, essayez de façonner des tourelles, des escaliers et des fenêtres dignes de la demeure de *La Belle au Bois dormant*. Ce qui est drôle, c'est d'inventer, de patasser le sable mouillé et de creuser des tunnels. Et si l'un des enfants désire un parking pour garer ses petites voitures, c'est possible, tout est possible avec ces châteaux de rêve.

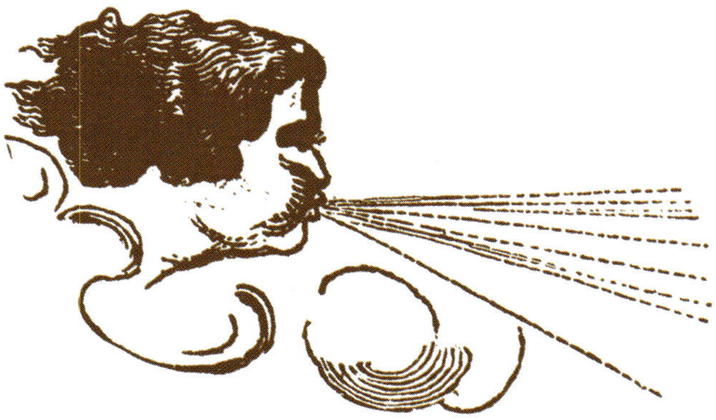

Colliers de nacre

Bijoutiers des sables et du clair de lune, ramassez sur la plage des coquilles nacrées. Il en faut une vingtaine pour fabriquer un collier. Percez chaque coquille avec une grosse aiguille à coudre, enfilez les coquilles sur un fil de couleur (du coton à broder, par exemple), faites un nœud très serré, et jouez les vahinés !

Echelle de Beaufort

Merci, monsieur l'Amiral de la flotte britannique.
Sacré Beaufort, cette échelle permet de reconnaître la force du vent sans utiliser d'instruments et de vraiment comprendre les détails des bulletins météo.

Force 0 : calme. Vitesse de moins d'1 km/h. La fumée s'étire à la verticale, la mer est un miroir.

Force 1 : très légère brise. De 1 à 6 km/h. La fumée est entraînée, les rides à la surface de l'eau ressemblent à des écailles.

Force 2 : légère brise. De 6 à 12 km/h. Les feuilles frémissent, les girouettes bougent. Sur l'eau, petites vaguelettes sans écume.

Force 3 : petite brise. De 12 à 19 km/h. Les feuilles et les branches s'agitent, les drapeaux sont déployés. Très petites vagues.

Force 4 : jolie brise (ou vent modéré). De 19 à 30 km/h. Les papiers et la poussière s'envolent. Vagues allongées.

Force 5 : bonne brise. De 30 à 40 km/h. Les arbustes se balancent, l'eau des lacs est ridée. Vagues plus allongées, moutons et embruns.

Force 6 : vent frais. De 40 à 50 km/h. Les grosses branches sont agitées, les parapluies se retournent, les fils des poteaux télégraphiques " sifflent ". Formation de lames, embruns et crêtes d'écume blanche.

Force 7 : grand frais. De 50 à 62 km/h. Les arbres se courbent, marcher contre le vent est difficile. La mer grossit, l'écume est soufflée en traînées.

Force 8 : coup de vent. De 62 à 74 km/h. Les branches se cassent, la marche contre le vent est impossible. Lames assez hautes, gros embruns.

Force 9 : fort coup de vent (ou petite bourrasque). De 74 à 88 km/h. Les tuyaux de cheminées, les tuiles et les ardoises sont arrachés. Grosses lames, épaisses traînées d'écume, forts embruns.

Force 10 : tempête. De 88 à 103 km/h. Les arbres sont brisés ou déracinés, les habitations sont fortement endommagées. Très grosses lames, déferlement de rouleaux, visibilité réduite.

Force 11 : violente tempête (rarement observée). De 103 à 117 km/h. Dégâts considérables, lames très hautes, mer recouverte de bancs d'écume.

Force 12 : ouragan. 118 km/h et plus. L'air est plein d'écumes et d'embruns, la mer est entièrement blanche. Visibilité très fortement réduite.

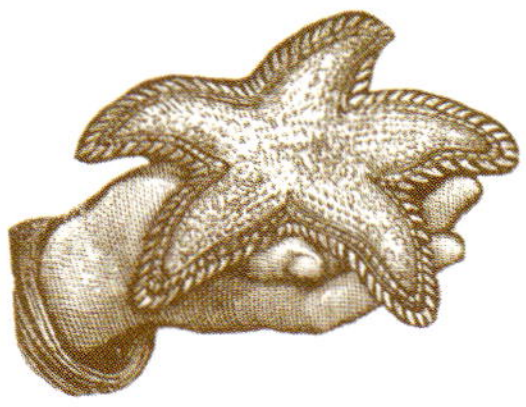

Étoile de mer

C'est une drôle de bête, un peu inquiétante mi-chèvre mi-chou… Si on en trouve une échouée sur la plage, il faut absolument la ramener à la maison : après tout, elles sont assez rares pour qu'on en prenne soin. D'abord, grattez-la délicatement avec la lame d'un couteau, puis rincez-la longuement à l'eau douce. Ensuite, l'étoile de mer doit être mise à sécher au soleil, posée sur du papier journal. Au bout de plusieurs jours d'expositions répétées, elle sera bien sèche et sans aucune odeur (si ce n'est pas le cas, jetez-la sans remords).
Elle se conservera très longtemps si vous la recouvrez d'un vernis protecteur.

Feux de camp

Que la joie demeure. Celle des feux de camp brille de la chaleur de l'amitié. Vous ne risquez que la gloire en faisant une fête comme celle-là. Attention, cette pratique ne peut pas avoir lieu n'importe où, les risques sont trop importants. Mais une bonne plage du Nord, sans végétation à portée d'étincelle fera merveille.
Préparez votre feu en dôme, les flammes sont plus hautes donc plus spectaculaires. Venez avec des chansons, des merguez, des jeux (il y en a plein dans notre livre) prenez un bain de minuit et réchauffez-vous à la flamme. Enveloppez-vous dans les couvertures et jouez les scouts d'un soir. Une fois n'est pas coutume.

Fossiles

La mer rejette sur certaines côtes des fossiles d'oursins. Mêlés aux galets et aux cailloux parmi lesquels ils se " cachent ", il est difficile de les repérer... Mais quand on en trouve un - ou plusieurs - c'est le bonheur, et l'étonnement de réaliser que l'on tient au creux de la main un petit animal vieux de 120 millions d'années, pourtant très proche, par sa forme, des oursins de notre époque.

Galets peints

Tu m'as trouvé comme un galet qu'on ramasse sur la plage, disait le poète à sa bien-aimée. Faites la même chose.
Choisissez des galets bien durs et lisses, larges et plats. Rincez-les très soigneusement à l'eau douce pour éliminer le sel, essuyez-les et laissez-les sécher. Si vous le désirez, vous pouvez tracer le motif au crayon noir, avant de peindre (à la peinture à l'huile) des personnages, des paysages ou des nuages... en commençant par les couleurs les plus claires.
Les enfants pourront ainsi réaliser de bien beaux " cadeaux-souvenirs " de leurs vacances, en suivant vos conseils avisés.

Jardin japonais

Ah ! ces Japonais pour une fois qu'on peut les imiter, le monde est renversé.
Tout ce qui peut se ramasser sur une plage servira à l'élaboration du jardin : algues, coquillages, cailloux, morceaux de bois... Les pelouses seront faites en " salade " (algues vert tendre), les chemins seront bordés de petits cailloux blancs et roses. Avec de gros galets plats, on construira un abri de jardin, dont le toit sera recouvert de brindilles ou de varech. Pour les arbres, on fixera une boule de salade à l'extrémité d'un morceau de bois, avant de le planter solidement. Les sièges seront des chapeaux chinois posés sur la pointe. Avec un os de seiche, on fabriquera une barque, façonnée dans les règles de l'art. Le plan d'eau (indispensable) sera creusé dans le sable : on disposera au fond et sur les côtés du trou un sac plastique avant de verser l'eau, en évitant d'en mettre trop... Les personnages restent à inventer, qu'ils soient en brindilles surmontées de coquilles de bigorneaux, ou en bâtons d'esquimaux recouverts de chapeaux... chinois, bien sûr.

Marchande de glaces

Lorsque vous aurez refusé dix fois la glace demandée, faites une diversion heureuse. Proposez-les en sable, pour mieux attendre les vraies, mais elles plairont beaucoup à tous les gourmands en maillot de bain. On creuse dans le sable mouillé plusieurs petits trous disposés côte à côte, comme chez les marchands de glace en cornet. On attribue un parfum à chaque trou creusé. La vente et la dégustation peuvent alors commencer. Les boules de glaces seront présentées dans des coquilles d'huîtres ou des " chapeaux chinois " (autrement dit des berniques). Une bonne façon de ne pas leur dire : la glace, bernique !

Sable en enveloppes

Une jolie manière de faire partager aux autres les vacances, c'est de leur envoyer du sable... par la poste. Les enfants ramasseront du sable (bien sec) qu'ils verseront dans de petits sachets de cellophane. Vous fermerez très soigneusement les sachets avec du papier collant, ils écriront un petit mot d'accompagnement, mettront le tout dans une enveloppe et enverront ce courrier de sable à leurs parents ou à leurs amis.

Sables de collection

Sables en petites bouteilles, sables en jolis bocaux de formes variés : voilà une agréable collection qui rappellera les bons moments des vacances, une collection qui fera également rêver, si l'on demande aux grands voyageurs de sa connaissance de rapporter du sable des contrées lontaines.

Les couleurs infinies des sables du monde sont étonnantes. Mais le sable des Charentes vaut celui des Seychelles...

On n'oubliera pas, bien entendu, d'inscrire sur de belles étiquettes la provenance des différents sables.

Seiches et crabes

Chabada bada chabada bada, un homme et une femme, une grand-mère et des petits-enfants marchent le long des plages, et trouvent beaucoup de carapaces de crabes et d'os de seiches. Ceux des seiches feront le régal des oiseaux, ou le bonheur des enfants qui les sculpteront... ou les réduiront en poudre. Racontez-leur l'histoire de ces deux animaux dont le destin est lié : en effet, la seiche mange des crabes en quantité, ne laissant d'eux que la carapace. Mais les crabes aiment aussi les seiches, jusqu'à ne laisser d'elles que leurs os. Les goulus !

Tableaux de plage

Coquilles nacrées, petits escargots jaunes, roses ou blancs, morceaux de verre poli ou d'assiettes décorées, cailloux multicolores : tous ces trésors à ramasser sur le sable peuvent se collectionner dans des pots de verre, ou se coller sur une planchette de contreplaqué, pour " peindre " de beaux tableaux. Utilisez une bonne colle liquide, laissez sécher les tableaux (à plat) pendant 24 heures avant de demander au " peintre " de signer et dater son œuvre.
Le résultat sera d'autant plus ravissant si les trésors sont regroupés par genres : coquillages aux teintes blondes, beiges et blanches, ou cailloux roses, gris et noirs. Si vous avez des cadres abîmés, n'hésitez pas à en " sertir " les tableaux.

Jeux champêtres

Arbres

Plutôt que les enfants s'escriment à vous demander votre âge et si vous avez connu Louis XVI et Napoléon, laissez-les s'occuper de l'âge des arbres.

Il est effectivement possible de le connaître, l'âge, en étudiant l'aspect du tronc coupé transversalement. La sève du printemps circule dans un bois tendre, et à la fin de l'été ce bois se durcit. C'est cette alternance de tendreté et de dureté qui dessine des cercles dans le bois. Le nombre des cercles permet de donner un âge (à peu près exact) à l'arbre abattu : un cercle par année passée au grand air… Nous, ce sont les rides. Chacun sa spécialité !

Balançoires maison

N'est pas kamikaze qui veut. Grand-mère de choc, lancez-vous et, sur une planche posée sur un tronc d'arbre abattu, laissez-les trouver leur équilibre (au mi-temps du tronc carrément).

Balançoire faite maison rime avec attention !

Balle au mur

Il suffit de se souvenir avec délices de la litanie de la balle au mur de votre enfance et mimer.

Partie simple
Sans bouger
Sans parler
Sans rire

D'une main
De l'autre
D'un pied
De l'autre

P'tite tapette
Grande tapette
Moulinet

A l'envers
Tourbillon
Sur la tête

Je répète…

Bonhomme de neige

Ça c'est pour sacrifier à la meilleure tradition de Bicot, votre héros à vous.
Il a neigé, il fait beau... C'est le moment rêvé pour créer un magnifique bonhomme de neige. Tout le monde prend des gants chauds et imperméables, et on accumule la neige, en la tassant le plus possible. Le corps terminé, il reste à façonner la tête du bonhomme, puis à l'habiller : des cailloux ronds lui feront de jolis yeux, et d'impeccables boutons pour sa veste. Son nez peut être une carotte, son sourire un petit morceau de bois. Pour finir, prêtez-lui un bonnet et une écharpe, que vous récupérerez à la nuit tombante... Pas de chance... c'est là où il fait le plus froid !

Bulbes à fleurs

L'anémone et l'ancolie ont fleuri dans les jardins
Où dort la mélancolie entre l'amour et le dédain

Jouez les Apollinaire.
Perce-neige ou anémones, scilles ou crocus, muscaris ou narcisses, tulipes ou jacinthes, les bulbes sont de culture facile, et si nombreux qu'il est impossible de les nommer tous ici. Plantés en extérieur d'octobre à novembre, ils commenceront, selon les espèces à fleurir dès février. La plupart se contentent parfaitement de bacs ou jardinières placés sur le rebord d'une fenêtre. Faites choisir à chacun de vos petits-enfants ses fleurs préférées, en les lui montrant dans un catalogue ou un livre de jardinage. Chaque enfant les plantera lui-même, et Dieu reconnaîtra ses bulbes.
Ils peuvent aussi se cultiver à l'intérieur de la maison, pour avoir le printemps chez soi. C'est le printemps, je suis content ! Tous ces bulbes accepteront de pointer leur nez dans votre salon, si vous les bichonnez de la manière suivante : plantez-les début octobre, en les regroupant par espèces dans de beaux récipients, au fond garni de tessons de pots de terre, ou de cailloux, s'ils possèdent un trou de drainage. S'ils n'en n'ont pas, vous placerez des morceaux de charbon de bois pour absorber l'excès d'humidité.
Utilisez un bon terreau, léger mais riche, et ayez également la main légère pour l'arrosage : deux fois par semaine, c'est largement suffisant. Placez vos plantations dans une pièce lumineuse et assez fraîche.
Dès le mois de mars, vous aurez ce bonheur partagé par tous les jardiniers du monde, de voir apparaître de petites pousses fragiles et bien vertes, qui se garniront lentement de fleurs superbes. Nous vous recommandons particulièrement les muscaris (Blue Spike surtout, car il dure très longtemps), qui, plantés en quantité et bien serrés les uns contre les autres, dérouleront un tapis bleu, non pas à vos pieds, mais sous vos yeux charmés...
Vous pourrez, après la floraison, récupérer les bulbes, après avoir attendu le jaunissement des feuilles. En effet, pendant que ses feuilles s'étiolent, le bulbe se requinque ! Le veinard.

Bulles de savon

Romantiques et éphémères, et poétiques donc... Les bulles de savon sont peut-être les plus beaux des jouets qui volent. Voici une recette qui permettra d'en souffler des dizaines. Vous aurez besoin d'un récipient d'un litre rempli au 2/3 d'eau savonneuse, d'un autre récipient d'un litre (vide), d'un morceau de toile très fine, d'huile végétale ou de glycérine, de sucre en poudre et de pailles-chalumeaux. Ajoutez une cuillère à café de sucre en poudre et quatre cuillères à soupe d'huile végétale ou de glycérine à l'eau savonneuse. Mélangez vigoureusement, puis filtrez cette préparation dans le récipient vide.

Pour réussir de magnifiques bulles, vous pouvez faire quatre entailles d'un centimètre au bout des pailles, et les replier vers l'extérieur.
Veillez à ce que les très jeunes enfants n'avalent pas ce mélange au lieu de le souffler... et à ce que les bulles ne viennent pas éclater trop près des yeux des spectateurs et des " souffleurs " !

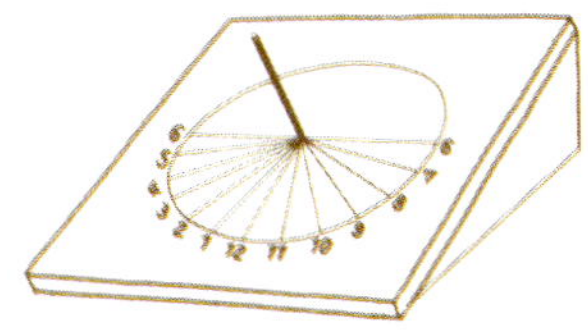

Cadrans solaires

On peut encore les admirer sur les façades de certaines vieilles maisons. Ils sont plus nombreux au sud de la Loire qu'au nord, ensoleillement oblige.

Pendant une promenade, en particulier dans les villages, ce sera un jeu de partir à leur découverte : les enfants ayant appris à lire l'heure sur des montres classiques seront tout étonnés de voir comment était décompté le passage des heures, il y a bien longtemps. Autrefois, le soleil à son zénith n'indiquait pas, comme aujourd'hui, 14 h en horaire d'été, et 13 h en horaire d'hiver (horaires remis en vigueur, en France, depuis 1976).

On peut fabriquer un cadran solaire très approximatif, en plantant un bâton sur une pelouse. Et observer, par beau temps, l'allongement puis le raccourcissement de l'ombre portée par le bâton. Une ombre qui sert d'aiguille : lorsqu'il est midi au soleil, cette ombre est à son minimum et les petits au maximum de la joie !

Les différentes heures sur la Terre quand il est midi (12 h) à Paris

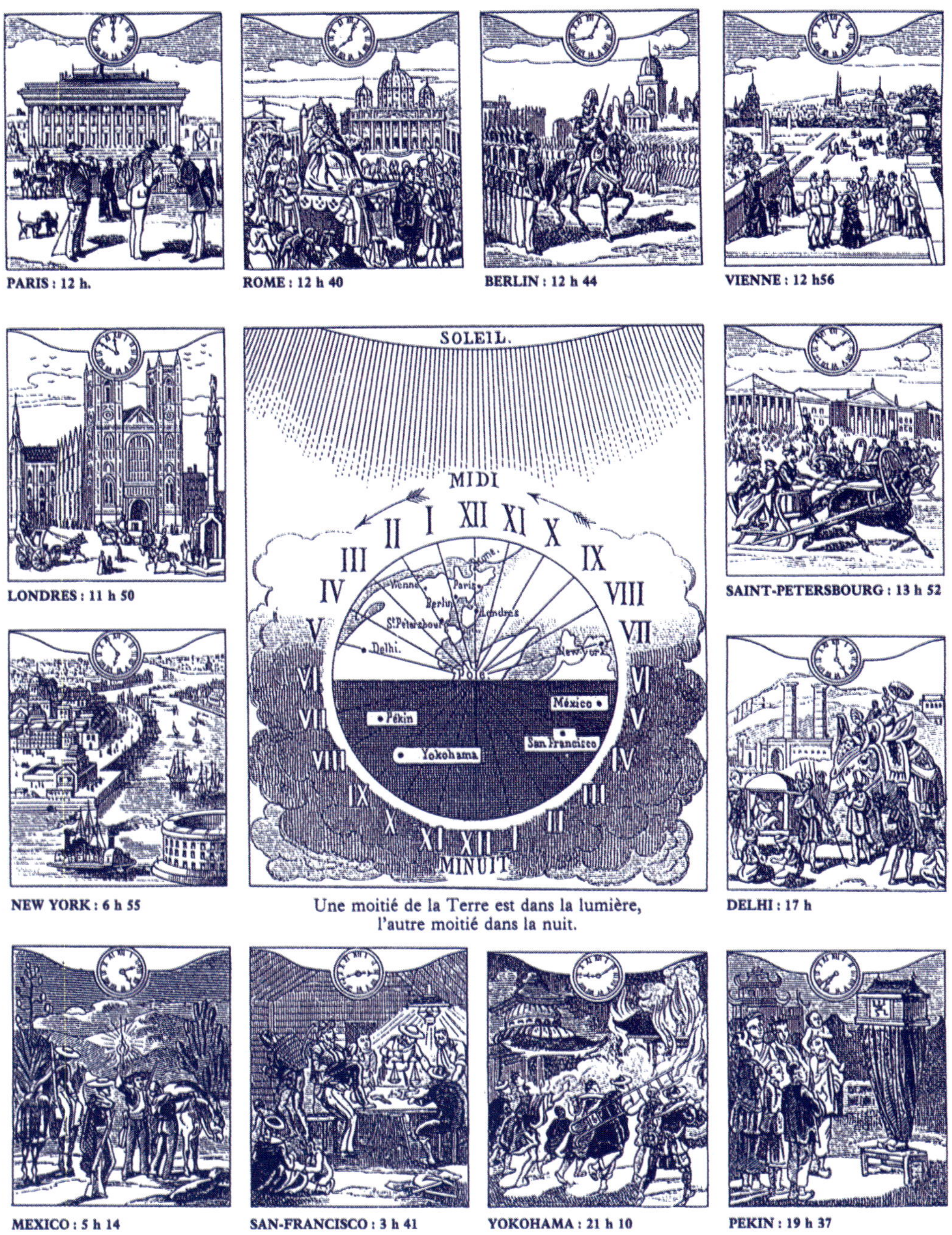

Camper

Imaginez un peu le bonheur en été de coucher à la belle étoile ! Au lieu du banal bivouac du petit scout classique, faites le stratège et un camp de Napoléon avec les personnages campés (c'est bien le cas de le dire) ou, si l'Histoire ne vous sied guère et à eux non plus, Tarzan, Buffalo Bill ou Mowgli feront l'affaire et puis vous n'avez qu'à donner un thème, ils broderont - et dormiront dans la peau de leurs héros. Et vous, vous dormirez tranquille...

Cerf-volant

Le cerf-volant a découragé bien des générations d'attendre le nez... au vent que le vent vienne !

Si vous persistez à vouloir y jouer, il est indispensable d'en acheter un par enfant (il y en a des chinois très bon marché) et de faire jouer leur sens de la compétition.

Le plus haut et le plus vite y apprendra la patience. Mais qu'est-ce qu'elle nous dit grand-mère-la-sentence !

Chewing-gum nature

Evitant ainsi d'asseoir votre autorité pour interdire le chewing-gum, trouvez un produit de substitution.
Du chewing-gum à ramasser dans les champs de blé, pendant une promenade d'été : avec un épi ou deux, on obtient assez de grains pour se fabriquer plusieurs boules de " pâte à mâcher " très saine, dont on est sûr qu'elle n'abîmera pas les dents de lait (ni les autres !).

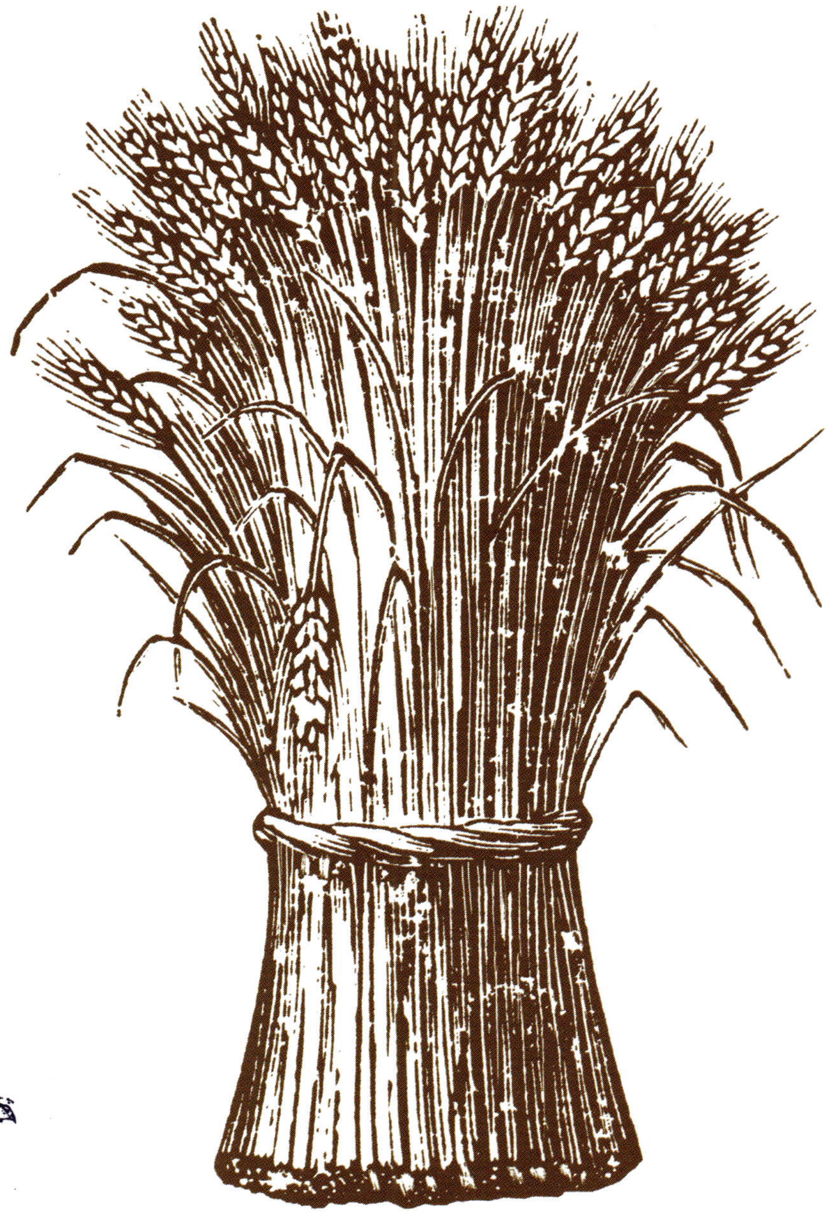

Colliers des champs et des bois

Couchés dans le foin avec le soleil pour témoin. Vous qui avez passé l'âge des galipettes, coupez des brins de paille en plusieurs morceaux, de longueurs différentes. Lorsque vous aurez suffisamment de " perles de paille ", enfilez-les avec une aiguille fine sur du coton de couleur. Le collier est prêt.
Sur le même principe, vous pouvez fabriquer des perles avec des branches de bois tendres : percez-les avec une grosse aiguille avant de les enfiler. Le résultat sera encore plus joli si vous retirez une partie de l'écorce des branches avant de les couper, ou si vous y dessinez des motifs géométriques. Coquetterie naturelle est certes pardonnée.

Coloquintes

Elles ont un drôle d'air, pas très sain mais, toutes sulfureuses qu'elles soient, plantées au jardin au mois de juin, les graines de coloquintes développeront vite leurs immenses tiges : vous pouvez les tuteurer, ou les laisser grandir à même le sol pour que les fruits grossissent en paix. Jaunes, verts ou blancs, les uns sont ronds, côtelés ou granulés, les autres sont lisses et en forme de poire. Posez chaque coloquinte en formation sur un pot retourné, afin qu'elle ne se retrouve pas au contact de la terre humide. Vous pourrez les cueillir d'octobre à novembre. Les coloquintes poussent uniquement pour le plaisir ou l'inquiétude des yeux, puisqu'elles ne sont pas comestibles. Elles sécheront bien dans une pièce chauffée de la maison, mais jetez immédiatement celles qui deviendraient molles ou tachées. Une fois séchées, elles se conservent indéfiniment.

Si vous êtes artiste dans l'âme, essayez la " gravure " sur coloquintes, à effectuer avec une petite gouge ou un stylet, avant le séchage. Des dessins géométriques - rayures, triangles, carrés... - embellissent encore ces drôles de fruits.

Coquelicots

Comme un p'tit coquelicot, mon âme...

Les poupées fleurs se faneront vite, mais elles sont si belles... Rabattez les pétales de coquelicots ou de pavots pour en faire une jupe, que vous serrerez " à la taille " par un mince brin d'herbe. Le pistil des fleurs formera la tête de ces fragiles petites poupées.

Avec des capsules sèches de coquelicots, que vous poserez à l'envers, vous inventerez des vases minuscules : placez-y des bouquets de fleurs miniatures, celles que l'on trouve partout lorsqu'on sait les voir, nichées au creux de l'herbe.

Si vous passez l'extrémité de la tige à la flamme, les coquelicots seront un peu plus " solides ".

Couronne de bienvenue

"Welcome" qu'ils disent outre-Atlantique ! Traditionnelle dans les pays nordiques, la couronne de bienvenue est bien jolie, et plaît toujours aux invités. On l'accroche à la porte d'entrée de sa maison ou de son appartement, pendant toute la durée des fêtes de Noël et de fin d'année.

Elle peut s'acheter toute faite, mais vous vous amuserez davantage à la fabriquer avec vos petits-enfants. Prenez un cintre de teinturier (en fil de fer souple) que vous façonnerez en forme de cercle. Avec des branches de résineux, recouvrez entièrement le cintre. Vous pouvez utiliser du papier collant ou du fil (en les cachant) pour fixer solidement les branchages qui doivent prendre l'apparence d'un gros buisson rond. Dans ce buisson, accrochez des boules de Noël, des noix, de belles feuilles mortes, ou encore des pommes rouges que les enfants auront frottées au chiffon de laine pour les rendre brillantes comme des soleils. Nouez deux ou trois morceaux de ruban blanc ou rouge, et accrochez ce chef-d'œuvre à votre porte : tous leurs copains auront envie d'entrer.

Ecorces de collection

Pendant que le loup n'y est pas...

Marchez dans les bois. Au cœur de l'hiver, les écorces de certains arbres deviennent superbes, comme pour nous consoler de la disparition de leurs feuillages. Vous ramasserez seulement celles qui sont tombées, au cours de vos promenades dans les parcs et jardins publics, et bien sûr dans les forêts. Les hêtres, les bouleaux, les érables, les pins sylvestres et les châtaigniers - pour ne citer qu'eux - se dépouillent de magnifiques écorces aux teintes chaudes, qui n'ont rien à envier à celles des essences plus rares. Les écorces très sèches n'auront pas besoin des traitements suivants : repassage à fer tiède pour les plus fines, séchage entre deux planchettes pour les plus épaisses.

Avec les enfants, vous inventerez une vie nouvelle aux écorces : on peut fabriquer un " herbier ", ou un tableau aux teintes délicates, mariant par exemple des nuages d'écorces de bouleaux et des collines d'écorces d'érables (utilisez de la colle à tissu pour ces collages).

On peut aussi mêler toutes les écorces pour obtenir un " pot-pourri " inodore mais ravissant, disposé sur une belle assiette.

Epi de blé

Tout rond, tout doré, ce superbe soleil s'accrochera au plafond de la cuisine ou de l'entrée de la maison. Avec les enfants, faites une bonne récolte d'épis d'orge ou de blé. Avec une aiguille à tricoter, transpercez une orange et passez à l'intérieur une ficelle solide. Fixez-la à la base de l'orange avec une petite épingle de nourrice (ou un morceau de bois), et laissez-la dépasser à l'autre extrémité sur 25 ou 30 cm. Coupez les tiges des épis en biseau. Ils doivent tous avoir une longueur d'environ 10 cm. Piquez-les dans l'orange en les serrant les uns contre les autres pour obtenir une belle boule. Ensuite, accrochez ce soleil au plafond, avec une punaise.

Etoiles filantes

Leur scintillement rapide provoque toujours l'étonnement. Ce sont des météorites attirés par la Terre, et qui deviennent incandescents au contact de l'atmosphère.

La plupart d'entre eux se volatilisent avant de toucher notre sol, mais on retrouve parfois de petits ou gros (très gros) morceaux intacts.

On peut observer des étoiles filantes toute l'année, pourtant certaines chutes ont lieu à dates fixes. Citons, entre autres, " l'essaim " des Perséïdes, du 25 juillet au 17 août. Car l'été, on peut se coucher tard, très tard... Cette pluie d'étoiles tombe en effet vers notre planète aux alentours de 3 heures du matin.

Ah ! sachez aussi qu'elles servent d'abord et avant tout à faire des vœux.

Feuilles

On dirait qu'on fabriquerait soi-même des fossiles. Les empreintes de feuilles d'arbres et d'arbustes sont très simples à réaliser. Choisissez de belles feuilles aux découpes rondes ou tourmentées : frêne, marronnier, merisier, érable, hêtre ou chêne... Au long de vos promenades, vous ne saurez plus où donner de la tête. Ramassez les grandes, les plus petites aussi, et n'oubliez pas les arbustes, comme le cornouillier, le sureau ou l'épine-vinette.
Vous aurez besoin de feuilles de papier à dessin, d'un pinceau à pochoir et de tubes de gouache. Posez la feuille bien à plat sur le papier, mettez un peu de gouache épaisse sur le pinceau. En tapotant légèrement, suivez les contours de la feuille, puis retirez-la sans faire de bavures. L'empreinte apparaît dans toute sa splendeur. Mariez les formes, en faisant plusieurs empreintes sur le même papier. Pour aider les enfants à reconnaître les différentes feuilles, inscrivez leur nom sous chacune d'elles (vous avez le droit de consulter un livre !).

Feuilles d'or

Mais oui, vous pouvez encore vous baisser. Ramassez de belles feuilles mortes, que vous repasserez à fer tiède, en les plaçant entre deux buvards. Elles seront alors toutes plates, prêtes à être recouvertes d'une légère couche de peinture (en bombe) dorée. Laissez-les sécher soigneusement, puis fixez-les sur un miroir par un minuscule morceau de papier collant. Vous pouvez aligner des feuilles de même forme, ou mélanger des feuilles différentes. Avec des feuilles de tilleul, ces petits cœurs parfaits, vous dessinerez, pourquoi pas, un cœur géant.
Ces feuilles d'or seront également superbes si vous en faites des guirlandes : avec un fil de nylon très fin, cousez-les les unes aux autres (par l'extrémité où poussait leur tige). Par dix, vingt ou davantage, ces guirlandes décoreront une porte, l'arbre de Noël ou vos plantes vertes. Et, accrochées au plafond par une punaise, elles brilleront de tous leurs feux, au gré des courants d'air...
Pour ceux qui n'ont pas de vraies feuilles sous la main, il existe de jolies feuilles dorées toutes prêtes - mais en papier - vendues dans les grands magasins et dans certaines librairies.

Fleurs de Noël

Le narcississisme est un vilain défaut, c'est " moi " qui vous le dis ! Mais dans la maison, ce sera la fête des narcisses, à condition que vous les ayez plantés à temps, c'est-à-dire vers la mi-octobre. Procurez-vous des bulbes de narcisses tazetta : par exemple Paper White, éclatant de blancheur. Vous pouvez les planter en pots, bien sûr, mais aussi vous essayer à la culture sur cailloux, dite " à la chinoise ". Remplissez des coupes un peu profondes de cailloux. Disposez les bulbes, en les serrant les uns contre les autres pour avoir un bel effet de masse, sur leur nid de cailloux. Versez de l'eau pour immerger les cailloux, en veillant à ce que son niveau s'arrête à quelques millimètres de la base des bulbes. Placez les coupes en pleine lumière, dans une pièce tempérée. La floraison, magnifique, aura lieu vers Noël.
Si c'est possible, choisissez de préférence des coupes en verre transparent : on voit alors l'entrelacs subtil des racines, qui grandit jour après jour.

Fleurs séchées

La plupart des fleurs peuvent se sécher sans trop de difficultés. Citons les statices, hortensias, pieds-d'alouette, achilées, nigelles de Damas, scilles, clématites, bleuets, immortelles, renoncules, pivoines de Chine, roses miniatures, etc. Cueillez les fleurs choisies environ quatre jours avant leur épanouissement, par temps sec, vers midi (la rosée aura eu le temps de sécher). Otez toutes les feuilles du bas des tiges, essuyez les tiges soigneusement avec un chiffon ou du papier. Faites des bottes de quelques fleurs, attachées avec du raphia ou de la ficelle. Suspendez ces bottes sur un fil de fer ou une corde, dans un local sombre, sec, frais et aéré : ces quatre éléments sont primordiaux pour que les fleurs sèchent bien. Surveillez le temps de séchage de vos fleurs, il dépend de leur espèce.
Une autre méthode de séchage, plus longue et délicate, est la dessication. Les dessicatifs classiques étant d'un prix prohibitif, nous vous conseillons le sable fin : dans une boîte parfaitement étanche, placez vos fleurs sur une couche de sable, et soupoudrez-les de sable. Refermez la boîte et patientez environ trois semaines. Cette méthode permet, lorsqu'elle réussit, d'obtenir des fleurs magnifiques. Cependant, quelles qu'elles soient, n'hésitez pas à les jeter à la moindre grisaille poussiéreuse.
Vos petits-enfants voudront sans doute vous aider à composer vos bouquets de fleurs séchées : bouquets ronds ou aériens, simples ou compliqués, c'est un vrai bonheur de les faire soi-même, de les inventer, comme on invente des trésors.

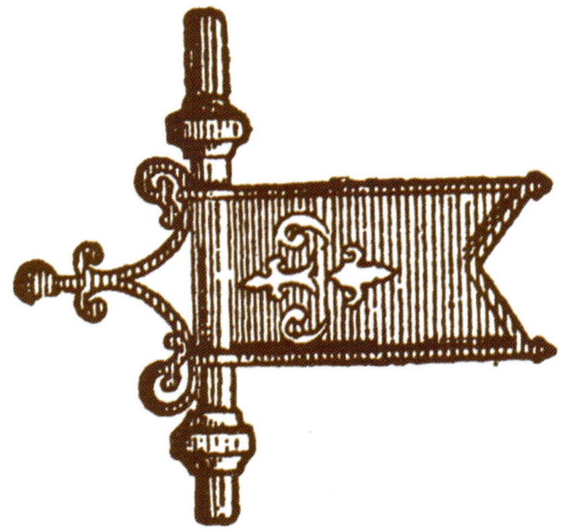

Girouettes

On se demande bien pourquoi ces instruments-là ont la réputation de ne pas savoir ce qu'ils veulent...
Pour connaître la direction du vent, il n'y a encore rien de mieux qu'une girouette. On les admire sur les clochers des églises, on peut aussi en placer une sur son propre toit. Entre un simple petit drapeau et un anémomètre, toutes les formes existent ou peuvent s'inventer, et les grands bricoleurs les fabriqueront eux-mêmes. Les autres les achèteront, toutes prêtes à tournoyer sans trêve. Ce sera l'occasion de parler des principaux vents qui soufflent sur la France : vous évoquerez les vents d'ouest (dits océaniques ou dominants), la légèreté de la brise ou la fraîcheur de la bise venue du Nord. Dans le sud, vous n'oublierez pas la tramontane, ce vent froid et sec qui vient, en hiver, sur le Languedoc, ni le mistral qui souffle sur la Provence. Parfois à 100 km/h !
En provenance du Sahara, le sirocco, très chaud et sec, atteint l'Algérie et parfois la France. Quant au vent d'autan blanc, il arrive par le sud sur les Cévennes puis à l'ouest du Massif central. Il y a également un vent d'autan noir, qui souffle d'est en ouest, apportant la pluie entre les Pyrénées et le Massif central...

Herbier

Selon la saison, vous ramasserez des feuilles mortes, chercherez des trèfles à quatre feuilles, cueillerez des fleurs des champs ou de jardin, des graminées, et toutes celles qui vous plairont… à condition qu'elles soient de petite taille. Disposez votre récolte entre deux feuilles de buvard que vous placerez dans un gros livre posé à plat. Empilez d'autres livres sur celui-ci, et patientez deux semaines.
Les fleurs et feuilles séchées étant très fragiles, maniez-les avec délicatesse. Collez-les (avec juste une goutelette de colle liquide) dans un album, sur du carton ou du papier à dessin. Notez alors la date et le lieu de votre cueillette, en indiquant les noms de chaque plante, de chaque fleur, et ne pleurez pas comme nous vingt ans après sur les graminées de notre jeunesse.

Jacinthes sur l'eau

Parce que leur parfum est le plus subtil du monde, remplissez d'eau des carafes à jacinthes (en vente dans les jardineries), en y ajoutant un morceau de charbon de bois pour que l'eau reste limpide. Placez de gros bulbes de jacinthes dans l'ouverture des carafes. Entreposez-les dans un endroit frais et sombre (cave, garde-manger), jusqu'à ce que des racines de dix centimètres se soient formées et que des feuilles aient montré le bout du nez.

Mettez alors les jacinthes à la lumière dans une pièce tempérée, après avoir rajouté de l'eau dans les carafes. Attention : la base des bulbes ne doit jamais tremper dans l'eau. D'autre part, ces bulbes ainsi " forcés " sont épuisés, ils ne pourront pas être replantés.

Marrons froids

A l'automne, faites, avec les courageux bottés, une expédition en forêt et ramassez tous les marrons d'Inde... Vous en ferez avec eux des petits paniers, en découpant 2 morceaux de chaque côté du marron pour laisser une anse, ils creuseront pour vider le marron.

Des personnages : en plaçant 2 marrons l'un sur l'autre, le cou étant figuré par une grande allumette carrée (on en trouve dans les bureaux de tabac pour allumer le feu), il ne reste plus qu'à planter bras et jambes en allumettes.

On peut alors faire des familles entières avec des maisons en carton à chaussures.

Moulin à vent de poche

Lorsqu'on les lâche d'une bonne hauteur, les graines d'érable deviennent de parfaits petits hélicoptères, tout le monde sait cela...

Et ouvertes, elle se transforment en pince-nez.

Mais vous pouvez aussi en faire des moulins à vent, en fixant, avec une épingle, deux graines disposées en croix, à l'extrémité d'un morceau de bois. Laissez dépasser l'épingle sur un bon centimètre, pour que les graines tournent librement dans le vent.

Mousse des bois

Mousse
Grimmia pulvinata

Que l'imbécile qui dit que pierre qui roule n'en amasse pas, nous jette la première pierre.
Les mousses des bois sont si douces et belles... Et il est si agréable d'y poser sa main ou sa joue, que cela donne envie d'en rapporter chez soi : détachez délicatement quelques petites plaques de mousses différentes, que vous replanterez au plus vite dans des coupes basses en terre cuite, emplies de 3 cm d'un mélange terreau-tourbe.
Placez ces coupes sur une fenêtre ou un balcon exposés au nord, arrosez les mousses environ deux fois par semaine, et bientôt vous serez envahie et heureuse.

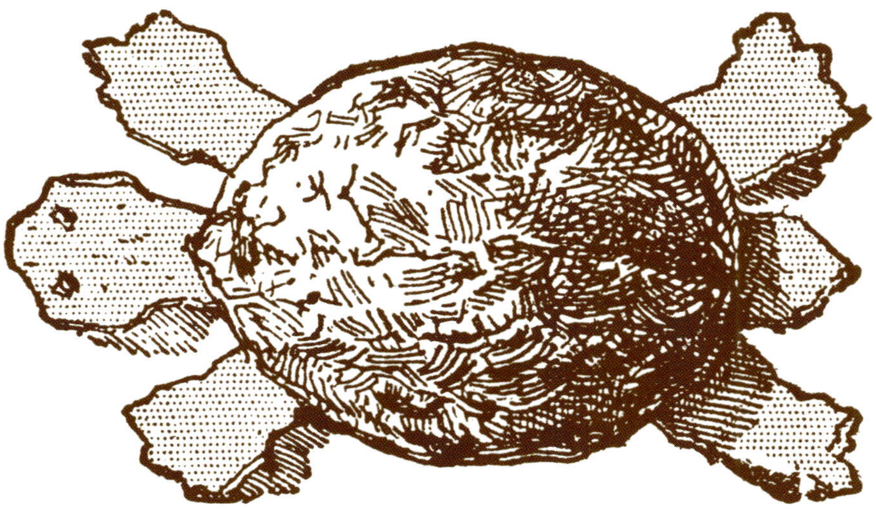

Noix

Il y a chez votre petite-fille une fée qui sommeille : elle fera d'une coquille de noix et d'un pétale de fleur le plus joli des berceaux miniatures, pour le plus joli des bébés imaginés. Le sien.

Noix-tortue

Plus sympathique que cet hystérique de lièvre, elle sera tranquille et amusante, cette tortue-noix : découpez dans du papier à dessin ou dans du carton léger la forme de sa tête et de ses pattes. Collez vos découpages à l'intérieur d'une demi-coquille de noix, et retournez la petite bête qui n'a plus qu'une envie : aller se promener, doucement, très doucement.

Nuages

Quatre pas dans les nuages en sachant où l'on marche.

Dès sept ans, les enfants aimeront connaître les noms des nuages. Ils comprendront peut-être mal que ceux-ci sont faits de vapeur d'eau, mais c'est une autre histoire... Les plus élevés en altitude annoncent souvent du mauvais temps.

Les cirrus, étirés en bandes étroites, ressemblent à des plumes ou à des cheveux. Ce sont les seuls nuages composés de cristaux de glace.

Les cirrocumulus forment des nappes blanches de petits éléments serrés les uns contre les autres.

Les cirrostratus peuvent recouvrir complètement le ciel d'un voile blanchâtre.

En altitude moyenne, on trouve les **altostratus,** en nappes grises, et les altocumulus qui moutonnent en couches d'un b.anc éclatant.

Enfin, " au dernier étage ", évoluent les **cumulus** aux contours nets, pommelés et tout blancs. S'ils sont petits et immobiles, ils sont signe de beau temps durable. La cohorte de leurs collègues annonce la pluie : **les cumulonimbus,** énormes, ont des formes de montagnes, tandis que les **stratocumulus**, les **nimbostratus** et les **stratus** s'étalent en couches d'un gris... très gris.

1 - Cirrus (Ci)

2 - Cirrocumulus (Cc)

3 - Cirrostratus (Cs)

4 - Altocumulus (Ac)

5 - Altocumulus lenticulaires (Ac)

6 - Altostratus (As)

7 - Nimbostratus (Ns)

8 - Stratocumulus (Sc)

9 - Stratus (St)

10 - Cumulus plats (Su)

11 - Cumulus très bourgeonnants (Cu)

12 - Cumulonimbus (Cb)

1

2

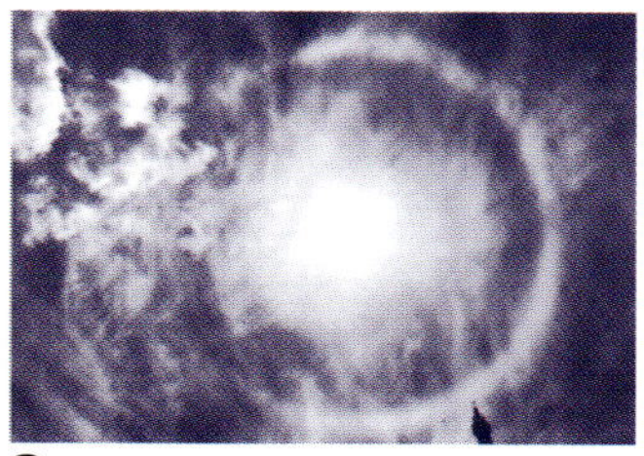
3

4

5

6

8

9

10

11

12

13

Aux petits
des oiseaux, Dieu ne donne pas la pâture.
Il faut savoir qu'il fait grève en hiver.

Oiseaux en hiver

Pour les aider à attendre l'arrivée du printemps, il faut les nourrir. Vous pouvez fabriquer ou acheter une mangeoire à placer dans votre jardin. Vous y déposerez des graines, renouvellerez l'eau régulièrement, et n'oublierez pas ce dont ils ont le plus besoin à cette époque de l'année : du lard ou de la margarine. Très vite, les oiseaux prendront l'habitude de venir se restaurer chez vous.

Et si vous n'avez pas de jardin, vous pourrez mettre toutes ces provisions sur le rebord de vos fenêtres.

Pour que l'eau ne gèle pas, ajoutez-y quelques gouttes d'alcool de fruits, quelques gouttes seulement !

Pommes de pin

Rien que d'aller les ramasser dans les bois est un bonheur rare...
Les enfants (et les grands enfants) les adorent, peut-être parce qu'elles sont rondes et belles...
Posées sur une assiette, elles révèlent la teneur en humidité de l'atmosphère : elles s'ouvrent lorsqu'il va pleuvoir et se referment quand il fait grand beau. Pour les fêtes, vous pouvez les peindre facilement, avec une bombe de peinture dorée ou argentée. De simplement belles, elles deviennent magnifiques, et décoreront la table si vous les groupez dans une jolie coupe transparente.
Et puis elles allument bien le feu en crépitant divinement !

Pot-pourri

Quel vilain mot pour un résultat exquis... qu'il est agréable de fabriquer soi-même. A cueillir ou à acheter, voici les trois éléments essentiels pour un pot-pourri réussi : pour la couleur, vous choisirez parmi les pétales séchés de rose trémière, souci, violette, pensée ou bouton d'or. Mais rien n'interdit de glaner bien d'autres pétales, au gré de vos promenades. Pour les parfums, le choix est immense : sauge et romarin, menthe et coriandre, clou de girofle et roses... Citons aussi la lavande, le basilic, le laurier, les écorces de citron et d'orange. Ces senteurs à tourner les têtes doivent se " fixer " avec de la cannelle, de la muscade ou des racines de calamus.
Choisissez de belles soucoupes pour disposer votre pot-pourri, le contenant ayant presque autant d'importance que le contenu (à renouveler chaque année). Avec vos petits-enfants, vous ferez un jeu de reconnaître (yeux fermés !) les différents parfums et d'apprendre les noms des plantes et fleurs utilisées. Une mention spéciale aux pétales de bleuet : placés dans de jolies bouteilles ou bocaux de verre, avec un éclairage qui les mettent en valeur, ces pétales-là sont un réel enchantement. A les contempler, on se croirait en plein été, en train d'arpenter les champs... Les passionnés de la couleur bleue en seront fous.

Premier mai

Au secours du labeur, la fête du travail est aussi celle du muguet, et chacun a le droit d'en vendre sur la voie publique pour gagner quelques sous. La vogue du muguet daterait d'un beau jour de 1560, où un chevalier en offrit au roi Charles IX pour lui porter bonheur. Depuis, les horticulteurs s'évertuent à en produire pour respecter la date du 1er mai.
Quant au muguet sauvage, il pointe ses clochettes dans les sous-bois un peu plus tôt ou un peu plus tard, c'est selon. Si vous connaissez un coin à muguet, emmenez-y vos petits-enfants, car ce muguet-là, n'en déplaise aux horticulteurs, possède, lui, un parfum carrément capiteux.

Quatorze juillet

La Révolution, vous en avez peut-être entendu parler récemment...
Les 13 et 14 juillet, on ne saurait manquer aucune des festivités susceptibles de plaire aux enfants. Dans les petites villes et les villages, la retraite aux flambeaux (le 13 au soir) est une promenade nocturne toujours très gaie.
Procurez aux enfants des lanternes de papier, qu'ils porteront avec une indicible fierté tout le long du chemin. Emmenez-les écouter (et regarder) les fanfares municipales, que même les touts-petits adorent. Les plus grands iront au bal du 14, puis au spectacle préféré de toutes les générations confondues : le feu d'artifice.
Toutefois n'oubliez pas que les tout jeunes enfants en ont un peu peur... Les autres en redemandent, et ne veulent jamais aller se coucher, sauf s'il est très tard. Vraiment très tard...

La Revue.

L'exercice

Tente d'Indien

Il faut toujours la poser sa tente, un jour ou l'autre...
Dans le jardin - ou à la plage - enfoncez solidement dans le sol 4 branches solides de 2 m de long environ, aux 4 coins d'un carré de 1 m x 1 m. Puis inclinez ces branches pour les attacher ensemble à leur sommet avec une corde solide, et un nœud tout aussi solide. L'armature de la tente est prête.
Recouvrez-la d'un grand drap usagé, dans lequel vous découpez une ouverture pour la " porte ".
Le tipi est fini, et vos petits papooses seront ravis !

Table & Index

Saga familiale et fêtes 73

Jeux de cuisine 99

Jeux de plage 115

Jeux champêtres 123

INDEX

Achevé d'imprimer en France en janvier 2004
par Mame à Tours
n° d'éditeur: 945
n° d'imprimeur: 03122002
Flashage numérique CTP